中等职业教育改革创新示范教材
中等职业学校汽车运用与维修专业新课程教学用书

Qiche Dipan Gouzao yu Chaizhuang Gongzuoye

汽车底盘构造与拆装工作页

（第3版）

武 华 何 才 主编

人民交通出版社股份有限公司
China Communications Press Co.,Ltd.

内 容 提 要

本书旨在培养汽车运用与维修专业学生胜任汽车售后服务企业汽车底盘拆装作业的能力。本书由7个学习任务组成,即汽车底盘总体结构认识、离合器的更换、手动变速器的分解与装配、驱动桥的分解与装配、转向器的分解与装配、制动器摩擦片的更换、减振器的更换。

本书既可作为中等职业学校汽车运用与维修专业学生的教学用书,也可以作为职业技能培训和其他从事相关专业人员的参考书。

图书在版编目(CIP)数据

汽车底盘构造与拆装工作页 / 武华,何才主编. —3版. —北京:人民交通出版社股份有限公司,2019.11(2025.8重印)

ISBN 978-7-114-15833-9

Ⅰ.①汽… Ⅱ.①武… ②何… Ⅲ.①汽车—底盘—结构②汽车—底盘—装配(机械) Ⅳ.①U463.1

中国版本图书馆CIP数据核字(2019)第201714号

书　　名:汽车底盘构造与拆装工作页(第3版)
著 作 者:武　华　何　才
责任编辑:李　良
责任校对:孙国靖　龙　雪
责任印制:张　凯
出版发行:人民交通出版社股份有限公司
地　　址:(100011)北京市朝阳区安定门外外馆斜街3号
网　　址:http://www.ccpcl.com.cn
销售电话:(010)85285911
总 经 销:人民交通出版社股份有限公司发行部
经　　销:各地新华书店
印　　刷:北京建宏印刷有限公司
开　　本:880×1230　1/16
印　　张:9.5
字　　数:240千
版　　次:2007年10月　第1版
2013年8月　第2版
2019年11月　第3版
印　　次:2025年8月　第3版　第4次印刷　总计第14次印刷
书　　号:ISBN 978-7-114-15833-9
定　　价:27.00元

中等职业学校汽车运用与维修专业
新课程教学用书

主　　编　刘建平　辜东莲

顾　　问　赵志群

编　委　会

序

看过人民交通出版社发给我的由刘建平和辜东莲两位老师主编的《中等职业学校汽车运用与维修专业新课程教学用书》系列教材样稿后，不禁感慨万千。汽车维修专业课程改革在我国已经开展多年了，如何打破传统的“基础课、专业基础课、专业课”的三段式模式，以及改变以“教师、教室、教材”为核心的三中心特征，一直以来备受关注。虽然有许多学校都在尝试着改革，也取得了许多可喜的成果，但真正意义上的突破还是不多。这套教材的出现真正让我有了一种“久旱逢甘雨”的感觉。记得2004年6月应广州市交通运输职业学校之邀，我参加了该校模块化教学改革研讨会，参观学校模块化教学实训中心，并与老师们一起讨论模块化教材编写，那次接触让我看到了这所学校在汽车维修专业改革中“敢为人先”的闯劲。现在看到教材样稿果然不同凡响，再次让我感受到广州市交通运输职业学校在汽车维修专业改革上的不断创新精神。

汽车维修中职教育首先有着明确的培养目标，那就是培养当代汽车维修技术工人。怎样把学生培养成合格的人才是汽车维修中职教育的关键所在，而在教学过程中理论与实践结合应该采取何种形式又是问题的要点所在。汽车维修教学中理论与实践结合往往容易出现重视形式上的结合，忽视实质上结合的问题，例如：将汽车构造教材与汽车维修教材简单地合编成“理实”结合在一起的教材，还有将教室直接搬到实训中心内的形式上的“理实”结合等。真正的“理实”结合应该是根据培养对象和培养目标来确定的有着实际内涵的“理实”结合。这套教材以汽车维修实际工作任务为核心，将专业能力与关键能力培养、学习过程与工作过程融为一体以此展开相关联部分的系统结构、系统原理、维修工艺、检验工艺、工具量具使用、技术资料查阅以及安全生产等内容的“理实”一体化教学。这种方式首先以动手解决具体问题为目标，这样可以极大地调动学生的学习兴趣，学生在学习技能的同时，将必要的理论知识结合在实践过程中一起学习，让学生不仅掌握怎么做的要领，还教给学生为什么这样做的道理。在这种模式中，学生是为了更好地理解所要完成的学习任务才去学习相关理论知识的，这就调动了学生学习理论知识的主动性。学生在学习并完成了实用的汽车维修工作任务后，激发出来的职业成就感，必然会使学生重建因学会工作的内容而久违了的自信心，这正是我们职业教育最应该达到的教学效果。

我为这套教材所呈现的课程模式感到由衷的高兴，并对付出辛勤劳动撰写这套教材的每一位老师表示由衷的感谢。我真诚地希望这套教材能够为我国汽车维修专业改革送上一股不断创新的强劲东风，为创造出更加适合我国国情的汽车维修专业课程模式投石问路，为汽车维修职业教育的发展锦上添花。

朱　军

第3版前言

依据设计导向的职业教育思想，以培养学生综合职业能力为目标，以工作过程系统化为教学原则，广州市交通运输职业学校组织专家与老师编写了"中等职业学校汽车运用与维修专业新课程教学用书"。该套教学用书采用工作页的编写模式，以工作过程系统化课程构建、理论实践一体化教学实施和丰田、通用等校企合作项目开展为教学实践基础，是一套符合职业成长规律的工学结合课程教学用书。

本套教学用书自2007年9月首次出版以来，获得社会各界的一致好评，并于2013年修订再版。2012年，本套教材申报教育部"中等职业教育改革创新示范教材"，有多本教材入选，2014年以本套教材为核心成果的"基于能力培养的中职汽车运用与维修专业工学结合课程研究与实践"获评国家级教学成果一等奖。这也证明了本套教材不论在教学理论、教学内容，还是教学组织形式上，都具有较强的改革创新特性，值得向全国广大的职业院校进行推广。

该套教学用书重点强调对学生自主学习能力培养，旨在使学生在完成典型工作任务的过程中，学会学习，学会工作。在处理学生与教师的关系、学习目标、课程内容、学习过程和学业评价等方面，该套教学用书具有如下特点：

1. 学生有学习的空间

首先，学习之初所明确的具体学习目标和学习内容可使学生随时监控自己的学习效果，自我评价和他人评价的结合为实现个性化的学习创造了条件；其次，体系化的引导问题强化了学生的主体地位，给学生留下充分思考、实践与合作交流的时间和空间，使学生亲身经历观察、操作、交流和反思等活动；再次，工作页中并不全部直接给出学习内容，而是需要学生通过开放性的引导问题和拓展性学习内容去主动获取，旨在培养学生的自主学习能力，从而使学生能够进一步理解技术知识并提高解决问题的能力；最后，尽量营造接近现实的工作环境，从栏目设置、文字表达、插图到学习内容的安排，都鼓励学生去主动获得学习和工作的体验。

2. 教师角色的多元化

本套教材在明确学习目标的情况下，通过引导问题来提供与完成学习任务联系十分紧密的知识，为教学组织与实施留下许多的创造空间。需要教师转换角色，从一名技术知识的传授者，转化为提高学生综合职业能力的促进者、学习任务的策划者、学习行动的组织动员者、学习资源的提供者、制定计划与实施计划的咨询者、学习过程的监督者以及学习绩效的评估和改善者，即教师的多元化角色。因此，建议在教学实施中，由教师团队共同负责组织教学。

3. 学习目标的工作化

学习目标就是工作目标，既能体现职业教育的能力要求，又能具有鲜明的工作特征。这里的能力不仅仅强调"操作性" 与"可测量性"，是具有专业内容的综合职业能力，包括专业能力和关键能力，既有显性的、可测量和可观察的工作标准要求，也含有隐性的、不可测量的能力和经验成分。与此同时，学习目标不但具有适度开放的空间，既不拘泥于当前学校或企业的状况，还能充分体现出职业生涯成长的综合要求。

4. 课程内容的综合化

课程内容的综合化体现在：一方面，每个学习任务的内容都具有综合性的特征，既有技能操作，也有知识学习，是工作要求、工作对象、工具、方法和劳动组织方式的有机整体，反映了工作与技术、社会和生活等的密切联系；另一方面，反映典型工作任务的学习任务也具有综合性的特征，要求每个学习任务的内容虽相互独立但又具有内在的联系。

5. 学习过程的行动化

行动化的学习过程首先体现在行动的过程性，让学生亲身经历实践学习和解决问题的全过程，在实践行动中学习，而非以往那种完成理论学习后再进行实践的学习过程；其次是行动的整体性，无论学习任务的大小和复杂程度如何，每个学习任务都要学生完成从明确任务、制定计划、实施计划、检查控制到评价反馈这一完整的工作过程；再次，有尝试新行动的实践空间，尽量创造条件让学生探索解决其未遇到过的实际问题，包括独立获取信息、处理信息，整体化思维和系统化思考。

6. 评价反馈的过程化

过程化首先体现在评价反馈是完整学习过程的一部分，是对工作过程和结果的整体性评价，是学习的延伸和拓展；其次在计划与实施环节中，工作的"质量控制与评价" 贯穿于整个过程。过程化的学习评价可帮助学生获得初步的总结、反思及自我反馈的能力，为提高其综合职业能力提供必要的基础。

随着汽车技术的升级换代，综合参考全国各地职业院校和出版社反馈的使用意见，编者在第 2 版基础上进一步修订，"中等职业学校汽车运用与维修专业新课程教学用书(第 3 版)"得以与社会各界见面。与第 2 版相比，本版教材作了如下改进：

(1)车型技术进行了更新升级。本套教材仍然以丰田卡罗拉车型为主要技术载体，从 2010 款卡罗拉车型升级为 2014 款卡罗拉车型，紧跟市场变化。

(2)通过学习拓展等方式增加新技术。删减了已逐渐淘汰的汽车技术，通过学习拓展等方式新增了车身电子稳定系统(ESP)、车载局域网、汽油机缸内直喷、空调电动压缩机、电池能源管理系统等技术。

(3)对第 2 版中的错漏部分进行了修订。

本套教材由广州市中等职业教育地方教材建设委员会组织编写，广州市教育局教学研究室和广州市交通运输职业学校共同主持实施，并得到了人民交通出版社股份有限公司的指导，丛书主编为广州市交通运输职业学校刘建平和广州市教育局教学研究室辜东莲，特邀北京师范大学技术与职业教育研究所所长赵志群为课程设计顾问。

本书由广州市交通运输职业学校武华、何才主编，叶伟胜参编。其中，何才编写了学习任务 1、学习任务 4、学习任务 5、学习任务 6、学习任务 7，叶伟胜编写了学习任务 2、学习任务 3，全书由武华、何才统稿。广州永佳丰田汽车销售服务有限公司林烨臻，广州美轮汽车有限公司刘志勇、黄荣鸿、李健威，广州瑞华粤通汽车销售服务有限公司吴宝锋，广州仁孚汽车销售服务有限公司胡杰，广州龙星行汽车销售服务有限公司伍华森等企业专家对本书的编写给予了技术支持。

由于教材编者的编写工作是在不断的实践和理论学习过程中进行，正处于不断的学习与更新过程中，难免有不妥之处，还请使用本书的广大师生不吝批评指正。

编　者

2019 年 8 月

致同学

亲爱的同学，你好！

欢迎你就读汽车运用与维修专业！

在我国，汽车产品、技术日新月异，汽车快速普及，汽车行业迅速发展，汽车维修技术人员已成为技能型紧缺人才，作为未来的汽车维修技术能手，你将如何迎接这一挑战？在此，希望我们的新课程工作页能够为你的职业成长提供帮助，为你职业生涯打下坚实的基础。

与你过去使用的教材相比，你手里的工作页是一套全新的教学材料，它能帮助你了解未来的工作，学习如何完成汽车维修中重要的典型工作任务，按照职业成长规律，促进你的综合职业能力发展，使你快速成为令人羡慕的汽车维修技术能手！

为了让你的学习更有效，希望你能够做到以下几点：

一、主动学习

要知道，你是学习的主体。工作能力主要是靠你自己亲自实践获得的，而不仅仅是依靠教师在课堂上讲授。教师只能为你的学习提供帮助。比如说，教师可以给你解释汽车发生的故障，向你讲授汽车维修的技术，教你使用汽车维修的工具，为你提供维修手册，对你进行学习方法的指导。但在学习中，这些都是外因，你的主动学习才是内因，外因只能通过内因起作用。职业成长需要主动学习，需要你自己积极地参与实践。只有在行动中主动和全面地学习，才能很好地获得职业能力，因此，你自己才是实现有效学习的关键所在。

二、用好工作页

首先，你要了解学习任务的每一个学习目标，利用这些目标指导自己的学习并评价自己的学习效果；其次，你要明确学习内容的结构，在引导问题的帮助下，尽量独立地去学习并完成包括填写工作页内容等的整个学习任务；再次，你可以在教师和同学的帮助下，通过查阅维修手册等资料，学习重要的工作过程知识；最后，你应当积极参与小组讨论，去尝试解决复杂和综合性的问题，进行工作质量的自检和小组互检，并注意规范操作和安全要求，在多种技术实践活动中你要形成自己的技术思维方式。

三、把握好学习过程、学习内容和学习资源

学习过程是由学习准备、计划与实施和评价反馈所组成的完整过程。你要养成理论与实践紧密结合的习惯，教师引导、同学交流、学习中的观察、动手操作和评价反思都是专业技术学习的重要环节。

为增强教材的适用性，本课程的学习内容以常见发动机前置后轮驱动车型及发动机前置前轮驱动车型的底盘为主线，具体拆装规范应参考学校教学车型对应的维修手册，你要学会使用维修手册并依据维修手册进行规范操作。

学习资源可参阅人民交通出版社股份有限公司的《汽车底盘构造与维修(第4版)》(周林福，2019)、

《汽车构造》(齐忠志、林志伟,2017)和其他常见发动机前置后轮驱动车型和发动机前置前轮驱动车型的维修手册。此外,还要经常阅览汽车维修网页,学习最新的汽车底盘结构,拓展你的学习范围。

你在职业院校的核心任务是在学习中学会工作,这要通过在工作中学会学习来实现,学会工作是我们对你的期待。同时,也希望把你的学习感受反馈给我们,以便我们能更好地为你服务。

预祝你学习取得成功,早日实现汽车维修技术能手之梦!

编　者

2019 年 8 月

目　录

汽车底盘构造与拆装学习任务结构图

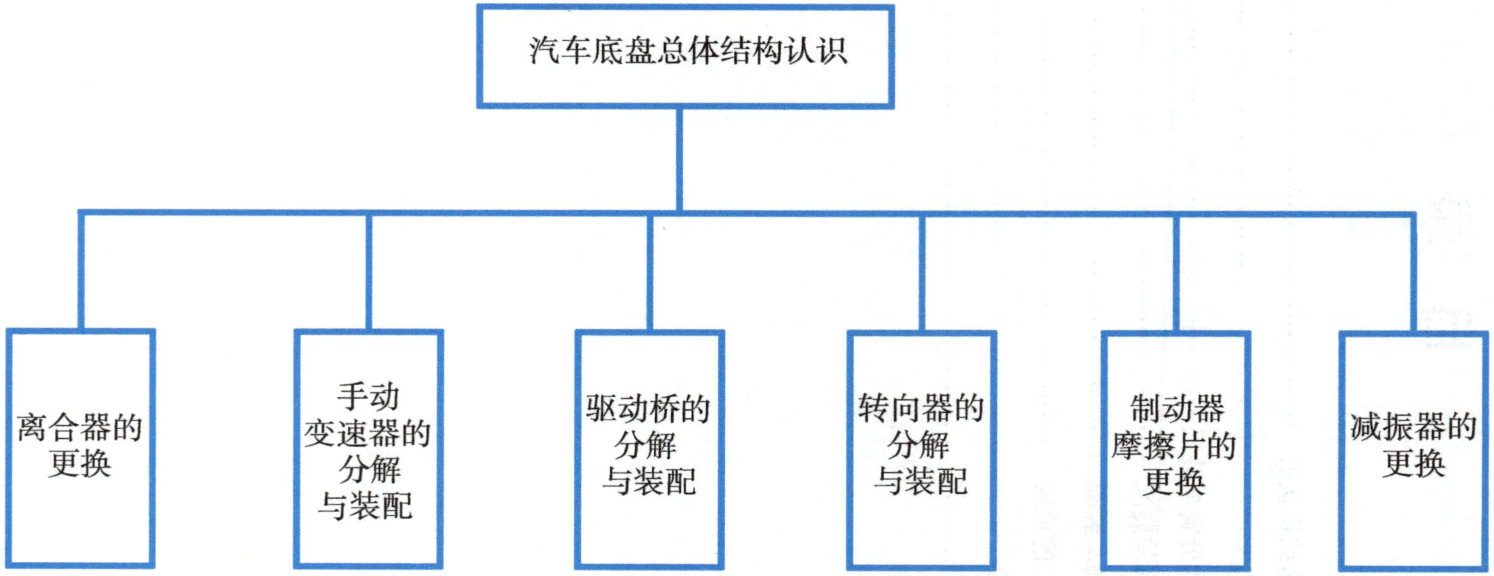

学习任务1　汽车底盘总体结构认识

学习目标

完成本学习任务后，你应当能：

1. 叙述汽车底盘的基本组成与作用；
2. 叙述汽车底盘在汽车上的几种主要布置方式；
3. 识别汽车底盘各主要总成；
4. 懂得汽车维修安全操作规程；
5. 懂得工作现场的管理常识。

建议完成本学习任务为6学时

课时分配：学习准备2学时；计划与实施2学时；学习拓展1.5学时；评价反馈0.5学时。

内容结构

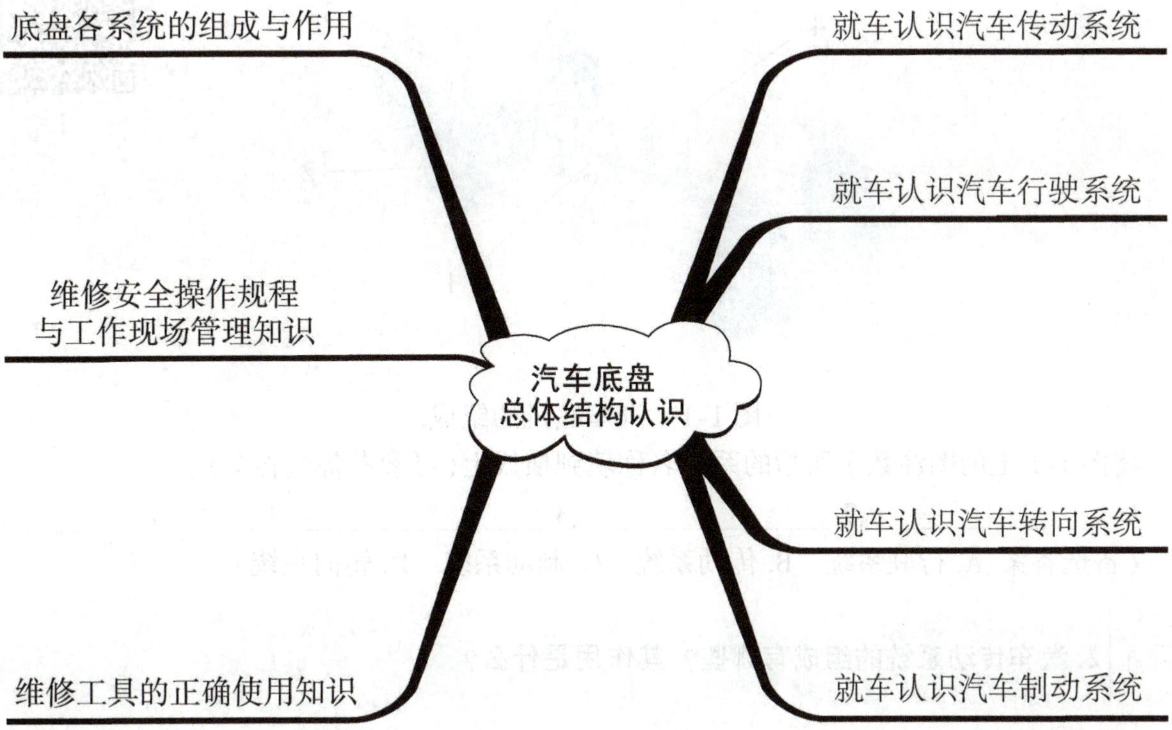

学习任务描述

在汽车上认识汽车底盘各总成的结构，学习安全操作规程和工作现场的管理知识，希望通过你的主动学习完成本学习任务。

在汽车维修工作中，认识汽车底盘结构是汽车底盘维修工作的基础。通过学习汽车底盘的组成、类型及各总成的作用和安装位置，为进一步学习底盘各总成的结构和维修打好基础。安全操作和工作现场的管理，是汽车维修人员必须遵循的规定，需要在学习和工作中逐步养成良好的习惯。

一、学习准备

1. 汽车底盘的组成如何？各系统的安装位置在哪里？

底盘是汽车的主要构成之一，由汽车传动系统、行驶系统、制动系统和转向系统等组成，如图 1-1 所示。

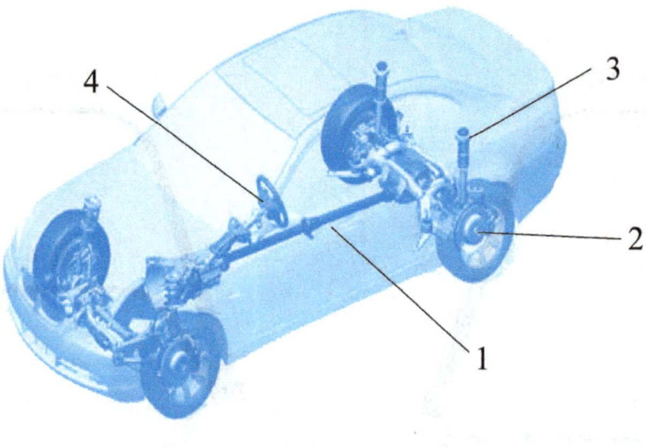

图 1-1　汽车底盘的组成

将图 1-1 上的图注数字所指的系统名称填到横线上（可参考备选答案）。

1 ________________、2 ________________、3 ________________、4 ________________。

（备选答案：A. 行驶系统　B. 传动系统　C. 制动系统　D. 转向系统）

2. 汽车传动系统的组成有哪些？其作用是什么？

1）传动系统的组成

如图 1-2 所示，传动系统主要由离合器、变速器、万向传动装置和驱动桥等组成。

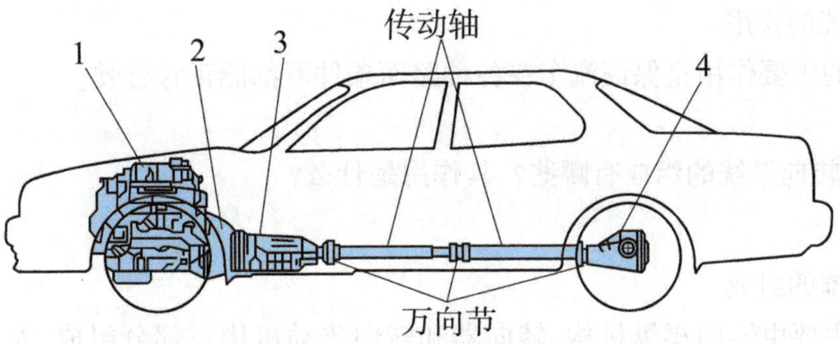

图 1-2　传动系统的组成

将图 1-2 上的图注数字所指的总成名称填到横线上(可参考备选答案)。

1 ________________、2 ________________、

3 ________________、4 ________________。

(备选答案:A. 发动机　B. 离合器　C. 变速器　D. 万向传动装置　E. 驱动桥)

2)传动系统的作用

传动系统的主要作用是将发动机产生的动力传递给驱动车轮。

3. 汽车行驶系统的组成有哪些？其作用是什么？

1)行驶系统的组成

行驶系统一般由车架、车桥、悬架和车轮等组成,如图 1-3 所示。

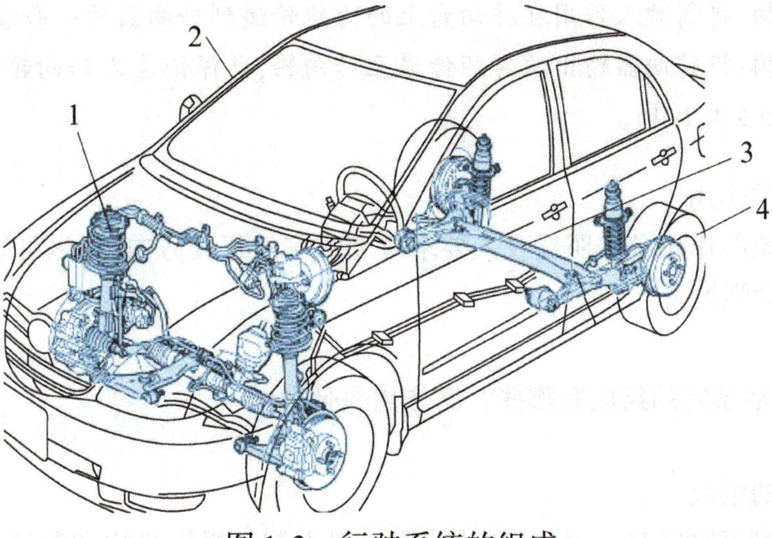

图 1-3　行驶系统的组成

将图 1-3 上的图注数字所指的总成名称填到横线上(可参考备选答案)。

1 ________________、2 ________________、3 ________________、4 ________________。

(备选答案:A. 车架　B. 车桥　C. 悬架　D. 车轮)

2）行驶系统的作用

行驶系统的主要作用是保证汽车在各种路面条件下都能正常行驶。

4. 汽车转向系统的组成有哪些？其作用是什么？

1）转向系统的组成

转向系统主要由转向操纵机构、转向器和转向传动机构三部分组成，如图1-4所示。

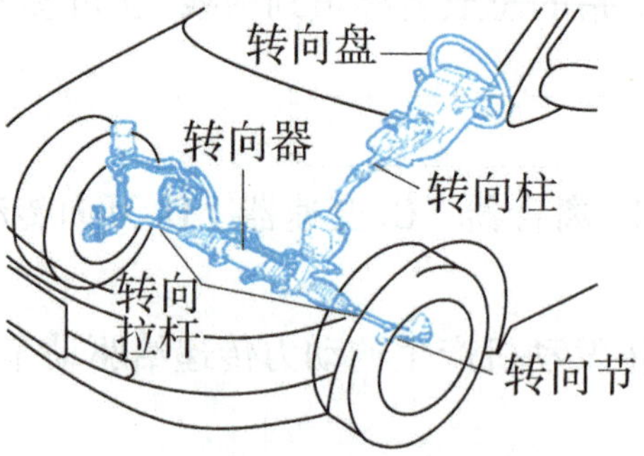

图1-4　转向系统的组成

小词典

转向操纵机构：将驾驶人作用在转向盘上的力矩传递到转向器的一套装置（图1-4）。

转向传动机构：将转向器输出的转矩传递至转向轮，并保证左右转向轮的偏转按一定方向变化的一套装置（图1-4）。

2）转向系统的作用

汽车转向系统的作用是按照驾驶人要求改变汽车的行驶方向，并尽可能减轻驾驶人的劳动强度。

5. 汽车制动系统的组成有哪些？其作用是什么？

1）制动系统的组成

（1）行车制动装置的组成。行车制动装置一般由制动操纵机构和制动器两个主要部分组成，具体组成包括前轮盘式制动器、制动主缸、真空助力器、制动踏板、后轮鼓式制动器、制动组合阀、制动警告灯等，如图1-5所示。

将图1-5上的图注数字所指的总成名称填到横线上（可参考备选答案）。

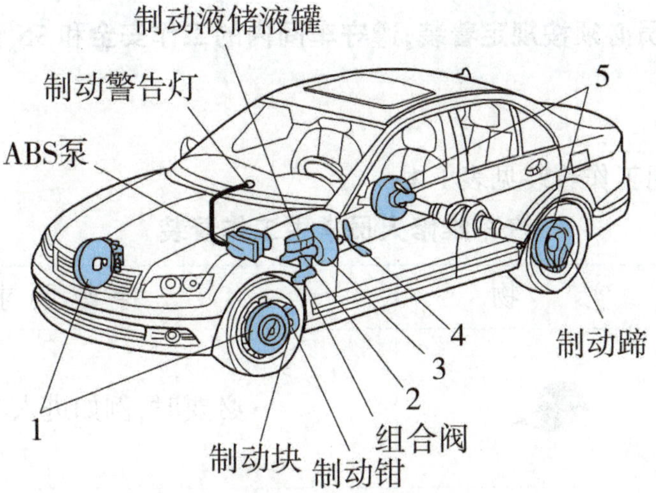

图 1-5　行车制动装置的组成

1 __________、2 __________、3 __________、4 __________、5 __________。

(备选答案:A. 前轮盘式制动器　B. 后轮鼓式制动器　C. 制动主缸　D. 制动踏板　E. 真空助力器)

(2)驻车制动装置的组成。驻车制动装置由操纵杆、平衡杠杆、拉索、拉索调整接头、拉索支架、拉索固定夹、制动器等组成,如图 1-6 所示。

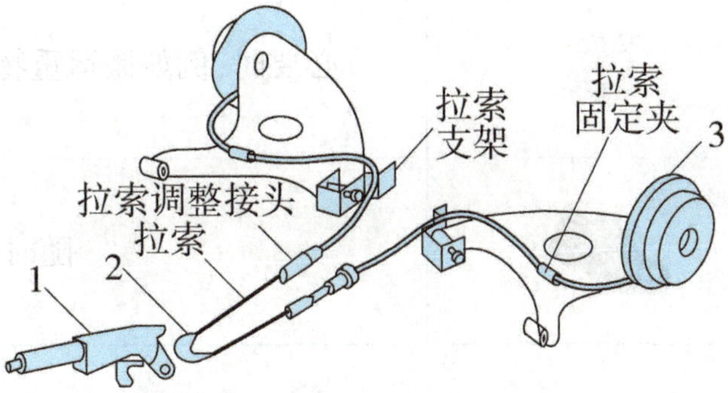

图 1-6　驻车制动装置的组成

将图 1-6 上的图注数字所指的总成或零件名称填到横线上(可参考备选答案)。

1 ________________、2 ________________、3 ________________。

(备选答案:A. 操纵杆　B. 平衡杠杆　C. 制动器)

2)制动系统的作用

汽车制动系统的作用是使行驶中的汽车按照驾驶人的要求进行强制减速甚至停车;使下坡行驶的汽车保持所需要的速度(行车制动);使已停驶的汽车在各种道路条件下(包括在坡道上)稳定驻车(驻车制动)。

6. 汽车维修人员必须按规定着装，遵守车间内的工作安全和5S管理制度。

1）工作着装

汽车维修人员常用工作着装见表1-1。

汽车维修人员常用工作着装 表1-1

名　　称	实　　物	穿 戴 要 求
工作帽		必要时，例如进入车底工作
护目镜		必要时，例如操作蓄电池
工作服		随时
工作手套		必要时，例如搬运重物或接触高温部件
安全鞋		随时

小提示

操作旋转部件（如砂轮机）时，严禁戴手套。

2）车间内的工作安全和5S管理

（1）工作安全。

①磨削工具或零件时应戴好护目镜。

②不要在开关、配电盘或容易产生电火花的物体附近使用可燃物，车间内不准吸烟，以免造成火灾。

③在燃油泄漏的车辆没有修好之前，不能起动发动机，不要将废机油或汽油倒入污水管

系统，应收集在适当的容器内，以免产生火灾。

④使用举升机举升车辆时，务必要确认车辆在举升机上支撑正确、牢固，升起后切忌摇晃车辆以防止车辆跌落。

⑤拔下插头时，不要拉导线，而要拔插头本身；不要用湿手接触任何电气设备，不要让电缆处于潮湿、油污和炽热的环境中。

(2)5S 管理。

5S 管理是来源于日本企业的现场管理方法，包括整理、整顿、清扫、清洁和素养五个方面。整理是指区分要与不要的物品，现场只保留必需的物品。整顿是指必需品依规定定位、依规定方法摆放整齐有序，明确标示。清扫是指清除现场内的脏污、清除作业区域的物料垃圾。清洁是指将整理、整顿、清扫实施的做法制度化、规范化，维持其成果。素养是指人人按章操作、依规行事，养成良好的习惯，使每个人都成为有教养的人。

7. 汽车维修人员如何正确使用与管理维修工具？

(1)选择适当的工具，以便安全有效地工作。在拆卸螺栓和螺母时，应首先选用套筒扳手，若拆卸因空间限制不能使用套筒扳手时，依次选用梅花扳手和开口扳手。底盘维修常用手动工具见表 1-2。此外，在维修工作中还可能用到一些专用工具与设备。

底盘维修常用手动工具　　　　表 1-2

工具名称	实　　物	用　　途
套筒扳手		旋松或拧紧六角头螺栓或螺母，优先选用套筒扳手
梅花扳手		旋松或拧紧六角头螺栓或螺母，使用梅花扳手时不能过分用力
开口扳手		旋松或拧紧六角头螺栓或螺母，使用开口扳手时不能过分用力
活扳手		旋松或拧紧六角头螺栓或螺母、转动杆件，使用活扳手时不能过分用力
十字套筒扳手		拆装车轮螺母

续上表

工具名称	实　物	用　途
扭力扳手		与套筒配合使用,拧紧有力矩要求的螺栓、螺母
锤子		与铜棒一同使用,敲击零部件,不能用锤子直接敲击零件工作表面或易损零部件,如铝合金零件等
铜棒		与锤子配合使用,进行保护性敲击
橡胶锤		易损零部件的保护性敲击,如变速器壳体等
销冲子		取出或安装销
尖嘴钳		夹持小零件或进行剪切
卡簧钳		拆装卡簧,分内、外卡簧钳两种
台虎钳		夹持固定零部件,方便操作
螺丝刀		旋松或拧紧螺钉,分一字螺丝刀和十字螺丝刀两种

(2)工具要放在工具车或工具架指定的位置上,并以正确的位置摆放,如图1-7所示。

图1-7　汽车维修工具车及工具的正确摆放

(3)随时保持工具的清洁。

(4)将工具递交给他人时,要先将把手端递交给他人。

二、计划与实施

8. 在一辆汽车上,认识底盘各系统的总成和零部件,将你了解到的信息填入表格或空格内。

1)了解以下信息

学习用车型:______________________________。

2)获取信息

在汽车上获取信息,并填入表1-3～表1-6内。

(1)汽车传动系统。

传动系统总成和零部件 表1-3

名称	实物	安装位置(在方框内画“√”)					备注	
		驾驶室	发动机舱	底盘前部	底盘中部	底盘后部		
离合器踏板							有装备	无装备
离合器主缸							有装备	无装备
变速器换挡杆							手动挡	自动挡
变速器总成							手动挡	自动挡
传动轴总成							有装备	无装备
驱动桥总成							前轮驱动	后轮驱动

(2)汽车行驶系统。

行驶系统总成和零部件 表 1-4

名称	实物	安装位置(在方框内画"√")					备注	
		驾驶室	发动机舱	底盘前部	底盘中部	底盘后部		
钢板弹簧							有装备	无装备
螺旋弹簧							有装备	无装备
减振器							有装备	无装备

(3)汽车转向系统。

转向系统总成和零部件 表 1-5

名称	实物	安装位置(在方框内画"√")					备注	
		驾驶室	发动机舱	底盘前部	底盘中部	底盘后部		
转向器							机械转向	动力转向
转向灯								
转向助力泵							有装备	无装备
转向助力泵储油罐							有装备	无装备

(4)汽车制动系统。

制动系统总成和零部件 表 1-6

名称	实物	安装位置(在方框内画"√")					备注	
		驾驶室	发动机舱	底盘前部	底盘中部	底盘后部		
制动踏板	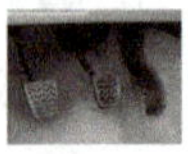							
制动主缸							有装备	无装备

续上表

名称	实物	安装位置(在方框内画"√")					备　　注	
		驾驶室	发动机舱	底盘前部	底盘中部	底盘后部		
制动盘							前轮	后轮
真空助力器	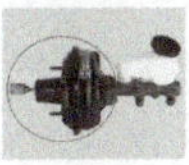						有装备	无装备
驻车制动器操纵杆	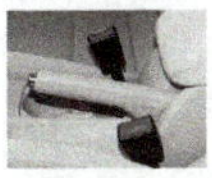						手拉式	脚踩式

3)5S

根据你所学到的5S管理知识,分组进行5S活动,整理工作现场。

学习拓展

1. 传动系统的类型

根据发动机布置和驱动方式,汽车传动系统分为发动机前置前轮驱动(FF)、发动机前置后轮驱动(FR)、发动机前置四轮驱动(4WD)、发动机后置后轮驱动(RR)、发动机中置后轮驱动(MR)等类型,这里只介绍前3种。

1)发动机前置前轮驱动传动系统(FF)

发动机前置前轮驱动传动系统如图1-8所示。

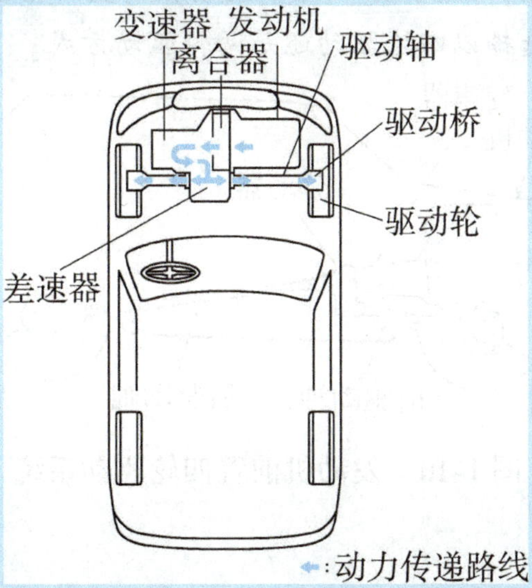

图1-8　发动机前置前轮驱动传动系统

根据图 1-8 所示，写出动力传递路线：发动机→________→________→________→________→驱动轮。

2）发动机前置后轮驱动传动系统（FR）

发动机前置后轮驱动传动系统如图 1-9 所示。

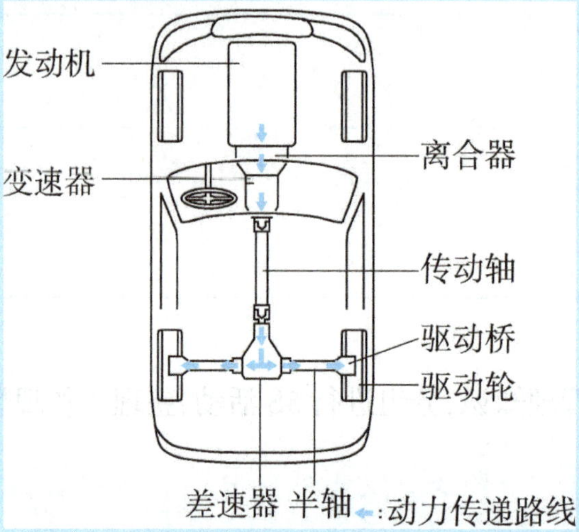

图 1-9　发动机前置前轮驱动传动系统

根据图 1-9 所示，写出动力传递路线：发动机→________→________→________→________→________→驱动轮。

3）发动机前置四轮驱动传动系统（4WD）

发动机前置四轮驱动传动系统是指具有独立分动器的传动系统，发动机动力通过分动器传递给前后驱动轮，如图 1-10 所示。发动机前置四轮驱动传动系统允许驾驶人通过换挡杆或换挡手柄选择以四轮驱动还是两轮驱动方式。

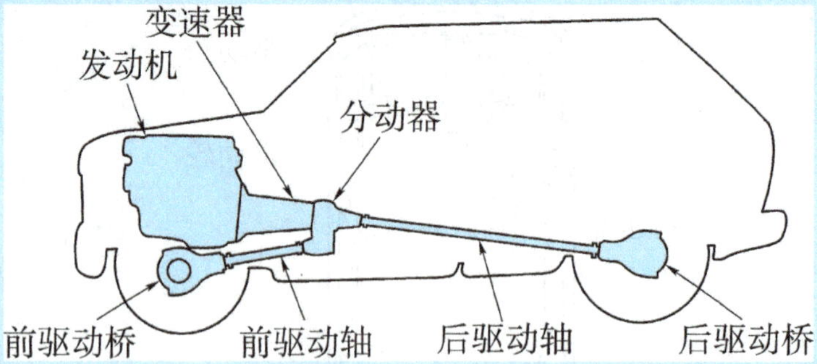

图 1-10　发动机前置四轮驱动系统

2. 行驶系统的类型

1）车架的类型

车架是承受汽车载荷的基础构件，常见的车架分为梁式车架和承载式车身两类。梁式车架和车身分开，一般用于货车上，如图1-11所示。轿车通常采用承载式车身，承载式车身兼有车架的作用，如图1-12所示。

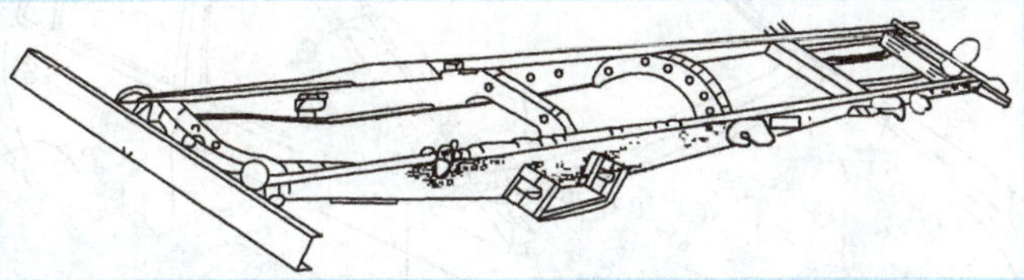

图1-11　梁式车架

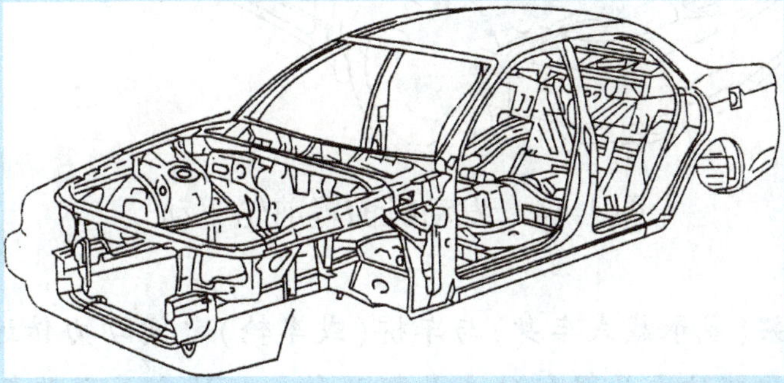

图1-12　承载式车身

2)车桥的类型

按车桥在车轮上的作用不同，车桥分为转向桥、驱动桥、转向驱动桥和支持桥4种类型。

在发动机前置后轮驱动汽车中(图1-13)，前桥为________，后桥为________。

(备选答案：A. 转向桥　B. 驱动桥　C. 转向驱动桥　D. 支持桥)

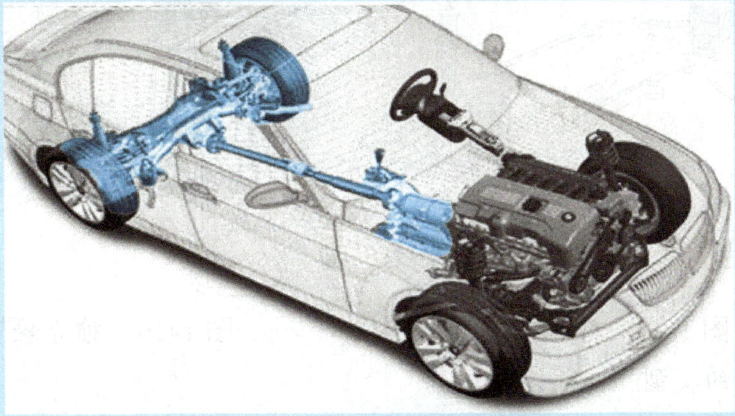

图1-13　发动机前置后轮驱动

在发动机前置前轮驱动汽车中(图1-14)，前桥为________，后桥为________。

(备选答案：A. 转向桥　B. 驱动桥　C. 转向驱动桥　D. 支持桥)

图 1-14　发动机前置前轮驱动

3)悬架的类型

汽车悬架是车架(或承载式车身)与车桥(或车轮)之间动力传递装置的总称。根据其结构特点可分为非独立悬架和独立悬架两种。非独立悬架两侧车轮安装在一根整体式车桥上,车轮和车桥一起通过弹性元件悬挂在车架下面,如图 1-15 所示。独立悬架每个车轮各自独立地通过悬架臂弹性地连接到车架或车身上,它配用断开式车桥,如图 1-16 所示,每个车轮相对于其他车轮能够独立地上下运动,使汽车行驶平稳,提高了汽车行驶的舒适性。

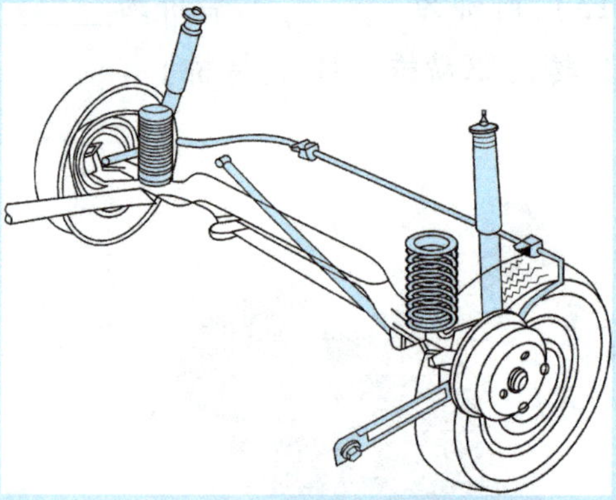

图 1-15　非独立悬架

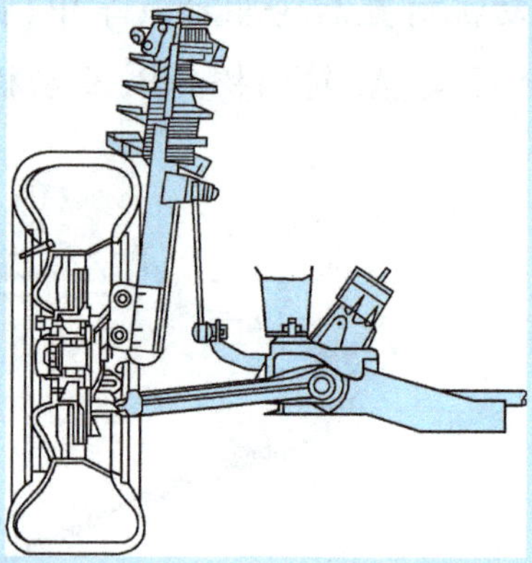

图 1-16　独立悬架

3. 转向系统的类型

转向系统按动力源不同分为机械式转向系统和动力转向系统两大类。

1)机械式转向系统

机械式转向系统在汽车转向时完全依靠驾驶人的体力,它主要由转向盘、转向柱、机械转向器、转向拉杆等组成,如图 1-17 所示。

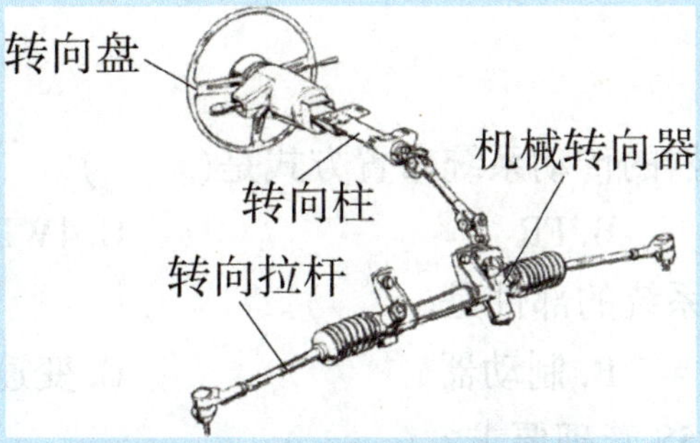

图1-17　机械式转向系统

2)动力转向系统

动力转向系统增加了一套转向助力装置,包括液压助力装置和电动助力装置,分别如图1-18a)和图1-18b)所示。

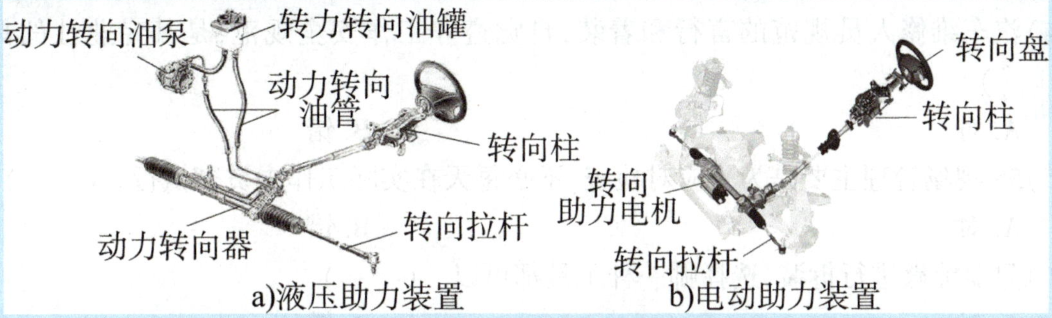

图1-18　动力转向系统

4.制动系统的类型

制动系统按功用分为行车制动系统和驻车制动系统,按能源可分为人力制动式、动力制动式和伺服制动式,按能量传输方式可分为机械式、液压式和气压式等。图1-19为轿车常用的液压式制动系统。

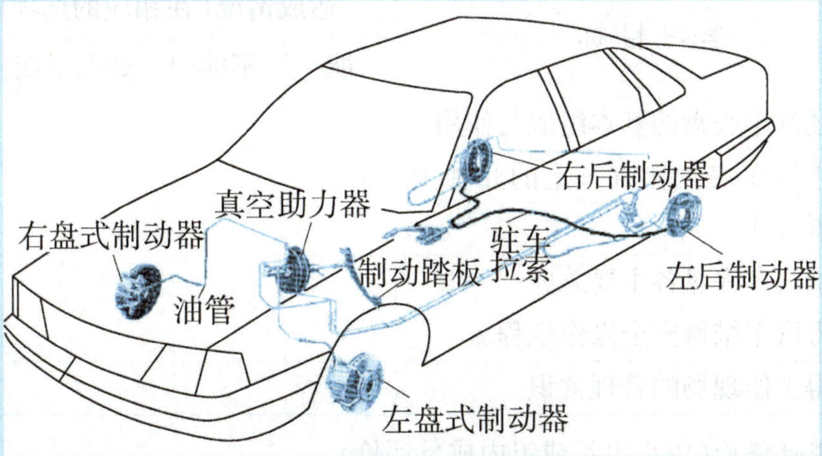

图1-19　液压式制动系统

三、评价反馈

1. 学习自测题

(1)以下具有独立分动器的传动系统布置方式是(　　)。

A. FF　　B. FR　　C. 4WD　　D. RR

(2)下列属于汽车传动系统的部件是(　　)。

A. 离合器　　B. 制动器　　C. 变速器　　D. 传动轴

(3)下列哪些行为符合5S管理要求?(　　)

A. 工具和零件放在地面上以方便操作

B. 将拆下的零件整齐有序地摆放在工作台或零件车上

C. 及时清理掉落到地面上的油液

D. 完成维修工作后清点工具并放回原位

(4)汽车维修人员规范的言行和着装,自觉遵守工作安全规范,是其专业性的具体表现。(　　)

A. 对　　B. 错

(5)5S现场管理主要是为了应对检查,不必每天在实际工作中贯彻执行。(　　)

A. 对　　B. 错

(6)只要能够进行拆装,选择哪一种工具都可以。(　　)

A. 对　　B. 错

(7)工具清洁干净后,放在工具车或工具架指定的位置上。(　　)

A. 对　　B. 错

2. 学习目标达成度的自我检查(表1-7)

自我检查表　　表1-7

序号	学习目标	达成情况(在相应的选项后打"√")		
		能	不能	如果不能,是什么原因
1	叙述汽车底盘的基本组成与作用			
2	叙述汽车底盘在汽车上的几种主要布置方式			
3	识别汽车底盘各主要总成			
4	懂得汽车维修安全操作规程			
5	懂得工作现场的管理常识			

3. 日常表现性评价(由小组长或组内成员评价)

(1)工作页填写情况。(　　)

A. 填写完整　　B. 缺失 0 ~ 20%

C. 缺失 20% ~ 40%　　D. 缺失 40% 以上

(2)工作着装是否规范?(　　)

A. 穿着校服(工作服),佩戴胸卡　　B. 校服或胸卡缺失一项

C. 偶尔会既不穿校服又不戴胸卡　　D. 始终未穿校服、佩戴胸卡

(3)能否主动参与工作现场的清洁和整理工作?(　　)

A. 积极主动参与 5S 工作　　B. 在组长的要求下能参与 5S 工作

C. 在组长的要求下能参与 5S 工作,但效果差　　D. 不愿意参与 5S 工作

(4)升降汽车时,有无进行安全检查并警示其他同学?(　　)

A. 有安全检查和警示　　B. 有安全检查,无警示

C. 无安全检查,有警示　　D. 无安全检查,无警示

(5)是否达到全勤?(　　)

A. 全勤　　B. 缺勤 0 ~ 20%(有请假)

C. 缺勤 0 ~ 20%(旷课)　　D. 缺勤 20% 以上

(6)总体印象评价。(　　)

A. 非常优秀　　B. 比较优秀

C. 有待改进　　D. 急需改进

(7)其他建议:

小组长签名:______________________　　________年______月______日

4. 教师总体评价

(1)对该同学所在小组整体印象评价。(　　)

A. 组长负责,组内学习气氛好

B. 组长能组织组员按要求完成学习任务,个别组员不能达成学习目标

C. 组内有 30% 以上的学员不能达成学习目标

D. 组内大部分学员不能达成学习目标

(2)对该同学整体印象评价:

____

____

____。

教师签名:______________________　　________年______月______日

学习任务2　离合器的更换

学习目标

完成本学习任务后，你应当能：

1. 叙述离合器的组成、作用和工作原理；
2. 识别离合器及其传动机构的主要零部件；
3. 学会制订更换离合器的工作计划；
4. 规范更换离合器；
5. 懂得不同类型离合器的结构特点；
6. 对离合器的安装质量进行自检。

建议完成本学习任务为12学时

课时分配：学习准备1.5学时；计划与实施8学时；学习拓展2学时；评价反馈0.5学时。

内容结构

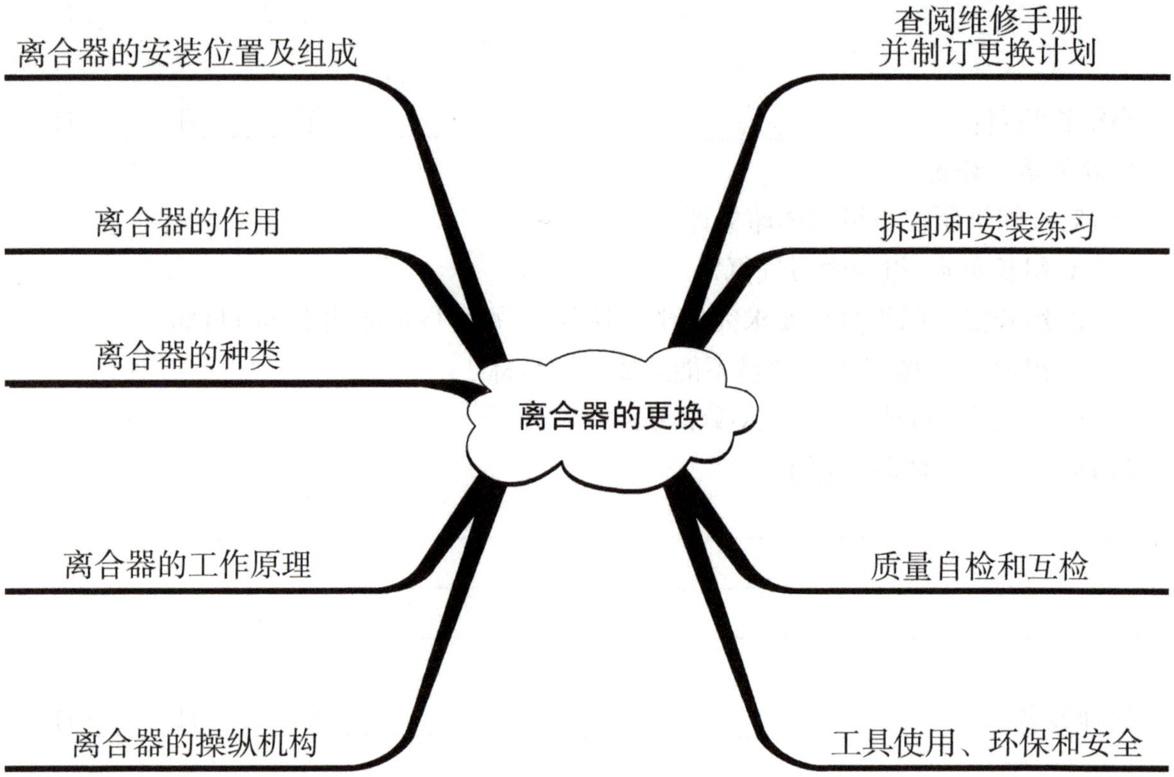

学习任务描述

客户反映离合器打滑,经维修技师诊断确认离合器从动盘已磨损至极限。请你按照技术规范,正确地进行离合器的更换,安装后能使其正常工作。

离合器是汽车传动系统的组成部件,汽车在起步、换挡过程中需要离合器暂时切断发动机动力,换挡后再传递发动机动力。离合器有故障将导致汽车换挡困难或不能换挡等。通过对离合器相关知识的学习,懂得其组成、作用及零部件的安装位置,请你明确更换离合器的操作规程和安装后的基本检查方法。

一、学习准备

1. 离合器的安装位置在哪里?离合器系统由什么组成?作用是什么?类型有哪些?

1)离合器的安装位置

离合器安装在________与________之间,如图 2-1 所示。

(备选答案:A. 发动机　B. 变速器　C. 传动轴)

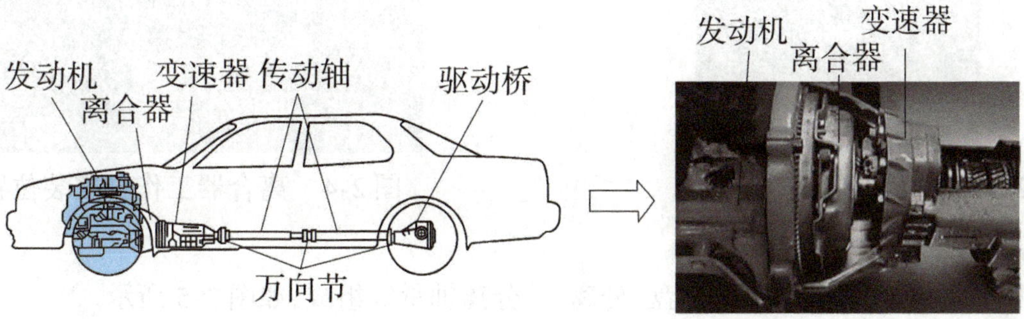

图 2-1　离合器的安装位置

2)液压操纵式离合器系统

(1)液压操纵式离合器系统的组成。

液压操纵式离合器系统主要由离合器踏板、离合器主缸(又称离合器总泵)、离合器工作缸(又称离合器分泵)、分离叉、分离轴承、连接管路和离合器总成等组成,如图 2-2 所示。

在图 2-2 中方框中填写上相应零件的名称。

(备选答案:A. 离合器主缸　B. 离合器踏板　C. 离合器工作缸　D. 离合器总成)

(2)离合器主缸的安装位置。

离合器主缸一般安装在发动机舱或仪表板左下侧附近,如图 2-3 所示。

(3)离合器工作缸的安装位置。

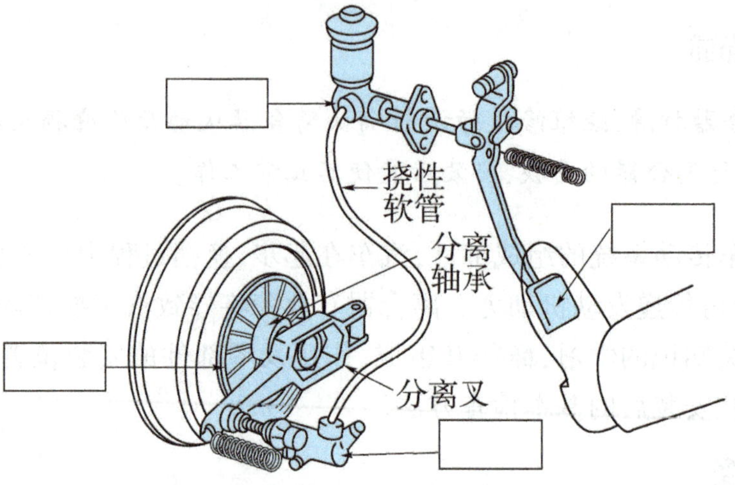

图 2-2　液压操纵式离合器系统的组成

离合器工作缸一般安装在变速器壳体附近，如图 2-4 所示。

图 2-3　离合器主缸安装位置

图 2-4　离合器工作缸安装位置

3）离合器的组成

膜片弹簧离合器由摩擦片、压盘、分离叉、分离轴承等组成，如图 2-5 所示。

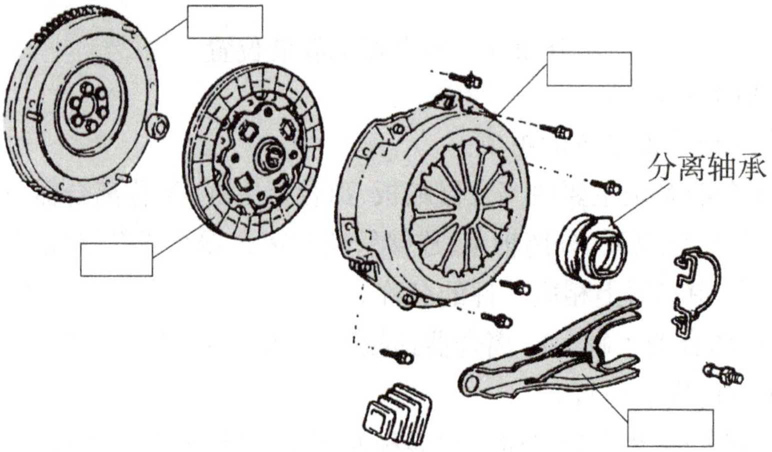

图 2-5　离合器的组成

在图2-5中方框中填写上相应零件的名称。

(备选答案:A. 摩擦片　B. 压盘　C. 分离叉　D. 分离轴承)

(1)压盘(图2-6)。

压盘的作用是把摩擦片压紧在压盘和飞轮之间,压盘用螺栓固定在飞轮上,并和飞轮一同旋转。

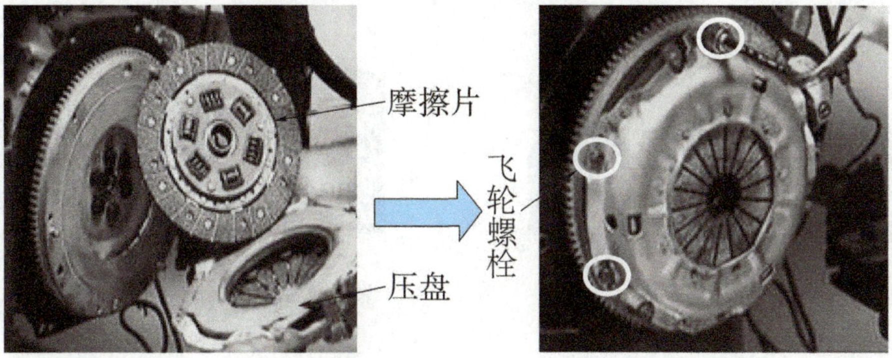

图2-6　压盘

(2)摩擦片(图2-7)。

摩擦片是离合器系统的输出部分,摩擦片与变速器输入轴构成离合器的从动部分。当离合器总成旋转时,它驱动手动变速器。

(3)分离轴承(图2-8)。

离合器分离轴承安装在离合器罩壳内,是可以来回移动的推力球轴承。

图2-7　摩擦片

图2-8　分离轴承

4)离合器的作用

(1)使发动机动力与传动系统逐渐接合,保证汽车平稳起步。

(2)暂时切断发动机与传动系统的动力连接,便于发动机的起动和变速器换挡,保证换挡的工作平顺。

(3)限制所传递转矩,防止传动系统过载。

5)离合器分类

(1)按从动盘的数目分。按从动盘的数目离合器可分为单片离合器、双片离合器和多片离合器。

①单片离合器，如图2-9所示。

单片离合器是指只有________个摩擦片的离合器。（备选答案：A.1　B.2　C.3　D.4）

②双片离合器，如图2-10所示。

双片离合器是指有________个摩擦片的离合器。（备选答案：A.1　B.2　C.3　D.4）

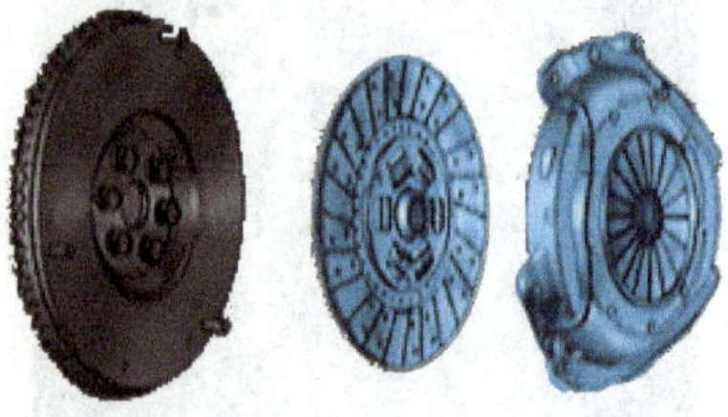

图2-9　单片离合器

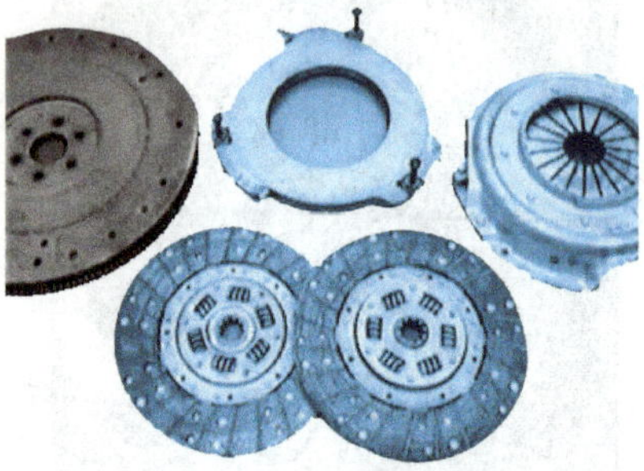

图2-10　双片离合器

(2)按压紧弹簧布置特点分。按压紧弹簧布置特点离合器可分为周布弹簧式离合器、中央弹簧式离合器和膜片弹簧式离合器。

①周布弹簧式离合器，如图2-11所示。

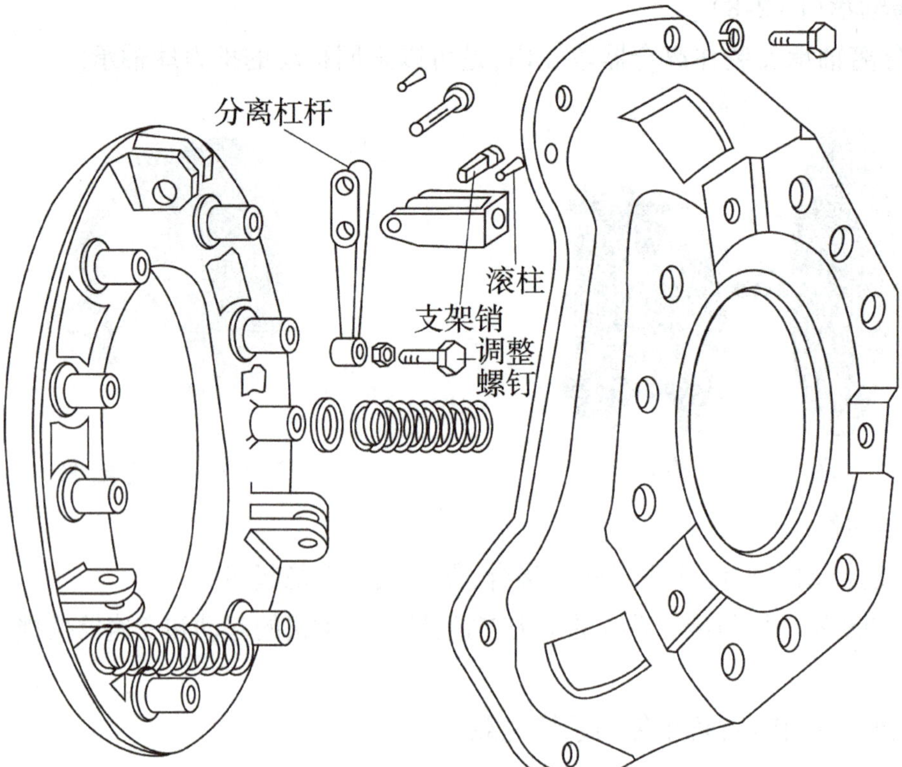

图2-11　周布弹簧式离合器

②膜片弹簧式离合器，如图 2-12 所示。

膜片弹簧式离合器的特点：结构简单、轴向尺寸小、具有良好的弹性性能、能自动调节压紧力、操纵轻便、高速时压紧力稳定、分离杠杆不需要调整等。

(3)按传递转矩方式分。按传递转矩方式离合器可分为摩擦式离合器、电磁离合器和液力耦合器。

①摩擦式离合器，如图 2-13 所示。

图 2-12 膜片弹簧式离合器

图 2-13 摩擦式离合器

②电磁离合器，如图 2-14 所示。

③液力耦合器，如图 2-15 所示。

图 2-14 电磁离合器

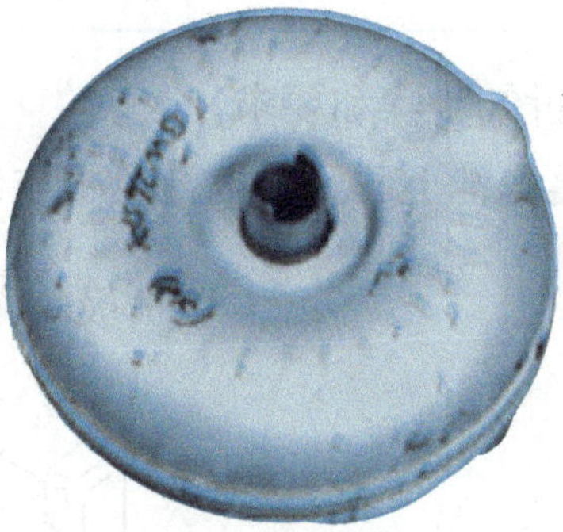

图 2-15 液力耦合器

二、计划与实施

2. 请叙述拆卸离合器应注意的事项。

1)了解以下信息

(1)使用的工具有：扭力扳手、____________和____________等。

(2)学习的车型：________________________。

(3)离合器的类型：____________________。

2)拆卸注意事项

(1)拆卸离合器前应先拆下蓄电池负极电缆。

(2)注意每个拆卸零件的安装位置和方向。

(3)工具的使用要合理规范。

(4)注意拆装过程的安全。

3. 编制拆卸离合器的计划，正确拆卸离合器，阅读维修手册，小组讨论拆装离合器的步骤和方法。

1)主要拆卸步骤

分小组通过实车观察，查阅维修手册或工作页，讨论主要拆卸步骤，并将表2-1中离合器的拆卸主要步骤正确排序。

拆卸离合器主要步骤 表2-1

序　号	拆卸步骤	序　号	拆卸步骤
	拆卸离合器		拆下传动轴
	拆卸变速器		脱开蓄电池的负极

2)具体拆卸步骤和要求

(1)从蓄电池上脱开蓄电池负极电缆，如图2-16所示。

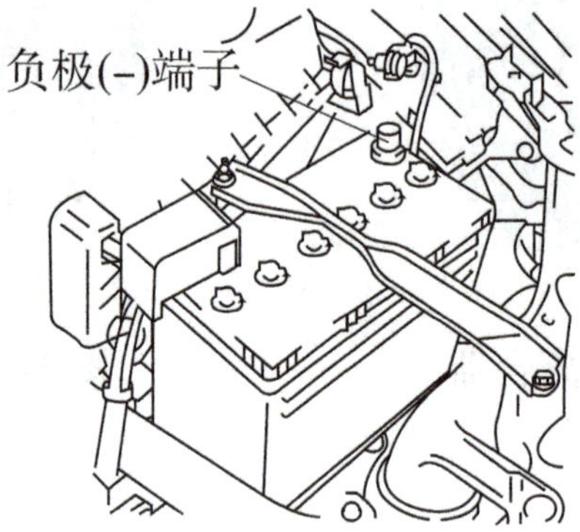

图2-16　脱开蓄电池负极电缆

学习思考

拆卸离合器前为什么要先脱开蓄电池负极？

小提示

脱开蓄电池的负极电缆之前，应首先读取和记录故障诊断系统的故障码以及其他相关信息。

(2)在传动轴的凸缘上做配合记号，拆下传动轴总成，如图2-17所示。

学习思考

拆传动轴时，在传动轴的凸缘上做配合记号的目的是什么？

(3)拆下变速器总成，如图2-18所示。

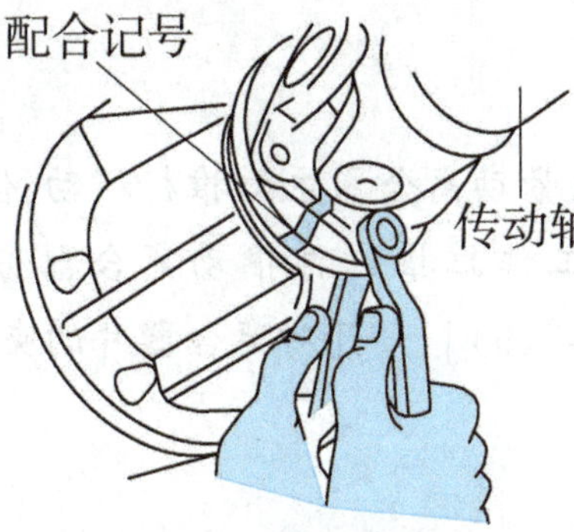

图2-17　做好配合记号

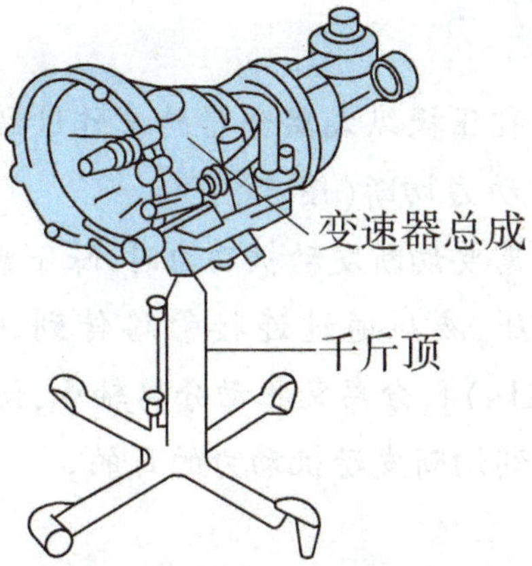

图2-18　拆下变速器总成

小提示

在拆卸变速器总成时，变速器的支撑器(千斤顶)必须与变速器连接牢固，在确保安全的情况下才允许慢慢卸下变速器，不要排出变速器油。

(4)拆下离合器罩壳和摩擦片，如图2-19所示。

①在离合器罩壳和飞轮上做配合记号。

②拧松离合器螺栓时，每一次拧松各固定螺栓一圈，直到弹簧张力消失为止。

学习思考

为什么不能一次拧出离合器螺栓，而应分多次(3次以上)均匀拧松螺栓？

(5)从变速器上拆下分离轴承、分离叉和保护罩，如图2-20所示。

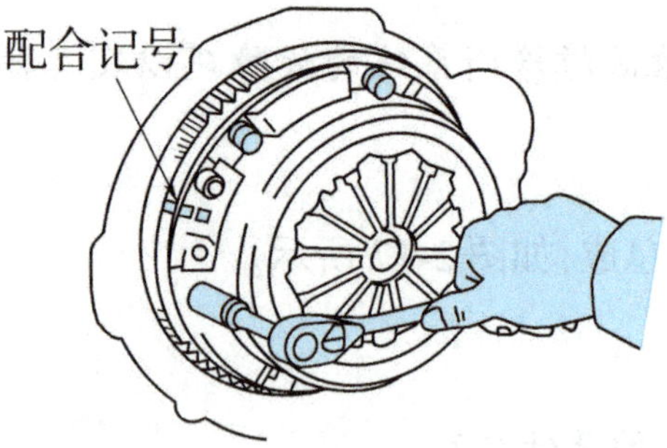

图2-19　拆下离合器总成

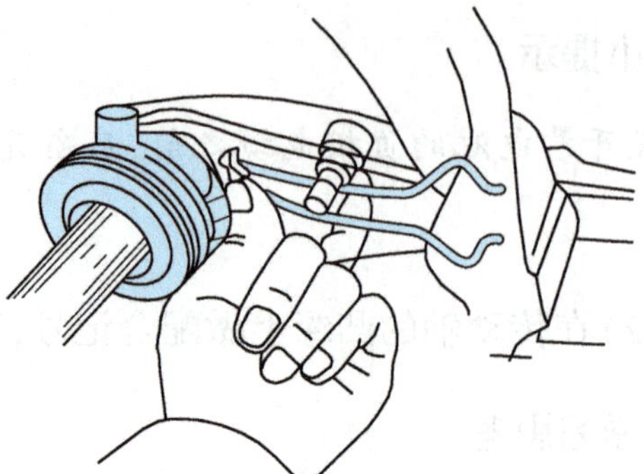

图2-20　拆下分离轴承

学习拓展

1. 液压操纵式离合器的工作过程

1）动力切断（图2-21）

当需要切断发动机动力时，踩下离合器踏板，踏板带动离合器主缸推杆移动，使主缸产生液压，液压通过连接管路传到工作缸，离合器工作缸推杆再推动离合器分离叉[图2-21a)]，分离叉推动分离轴承，使压盘后移[图2-21b)]，分开对离合器片的夹紧力，从而达到切断发动机动力的目的。

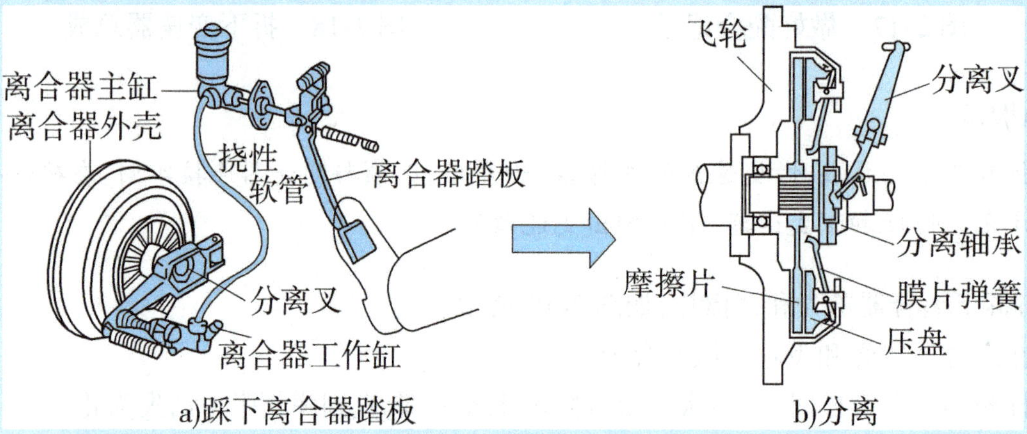

图2-21　动力切断

2）动力接合（图2-22）

当放松离合器踏板时，在弹簧力的作用下，离合器主缸及工作缸的活塞复位，液压力解除，压力板在膜片弹簧弹力作用下，再次与飞轮一起夹紧离合器摩擦片，动力逐渐接合。

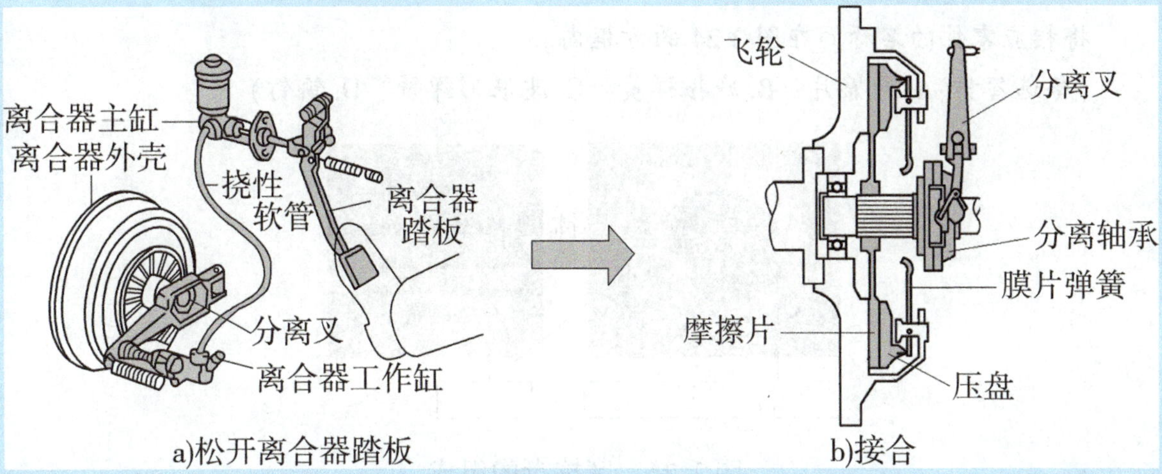

图2-22　动力接合

2. 膜片弹簧式离合器组成

1）压盘

压盘由离合器罩壳、膜片弹簧、复位钩簧、压力板等组成，如图2-23所示。

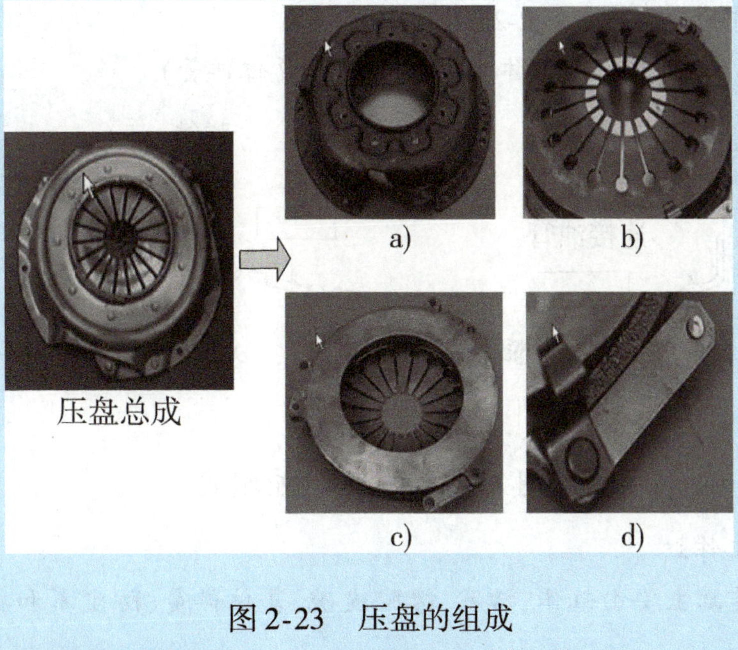

图2-23　压盘的组成

压盘的作用是把摩擦片压紧在压盘和飞轮之间。

2）摩擦盘

离合器摩擦盘主要由摩擦片、减振弹簧、波浪形弹簧、铆钉和离合器钵体等组成，如图2-24所示。

将相应零件的名称写在图2-24的方框内。

（备选答案：A. 摩擦片　B. 减振弹簧　C. 波浪形弹簧　D. 铆钉）

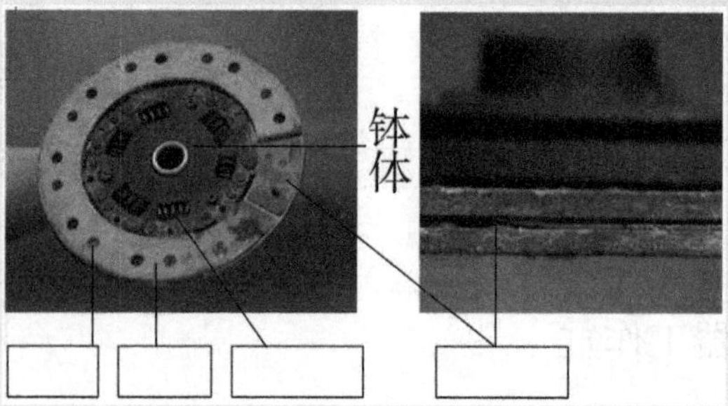

图2-24　摩擦盘的组成

摩擦盘是离合器系统的输出部分，摩擦盘与变速器输入轴构成离合器的从动部分，当离合器总成旋转时，它驱动手动变速器，减振弹簧用于消除离合器起步接合时产生的扭振。

3）离合器主缸

离合器主缸主要由缸体、活塞、橡胶皮碗、复位弹簧和推杆等组成，如图2-25所示。

将相应零件的名称写在图2-25的方框内。

（备选答案：A. 活塞　B. 泵体　C. 推杆　D. 复位弹簧）

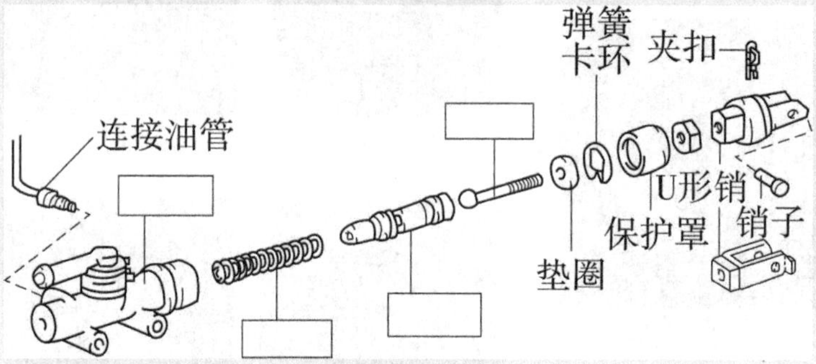

图2-25　离合器主缸组成

4）离合器工作缸

离合器工作缸主要由缸体、活塞、橡胶皮碗、复位弹簧、防尘罩和推杆等组成，如图2-26所示。

将相应零件的名称写在图2-26的方框内。

（备选答案：A. 活塞　B. 泵体　C. 推杆　D. 复位弹簧）

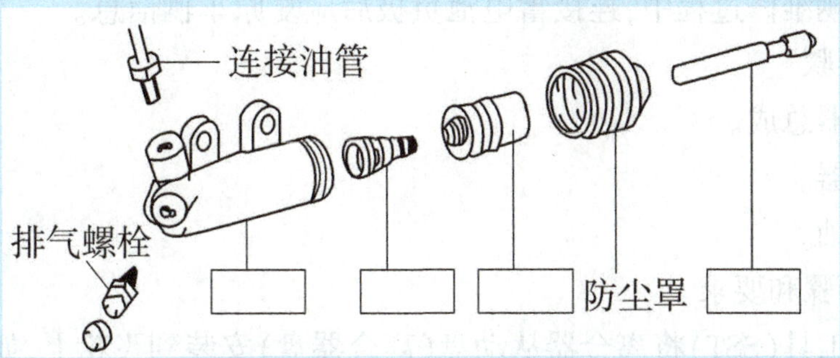

图2-26 离合器工作缸组成

3. 主缸的工作原理(图2-27)

(1)不踩离合器踏板时,储油室的油经主缸的进油孔进入泵腔里,如图2-27a)所示。

(2)踩下离合器踏板时,离合器主缸活塞在推杆的作用下向左移,活塞继续前移,活塞连杆和弹簧座分开并通过锥形弹簧垫关闭储油室与主缸进油口通道,如图2-27b)所示。

(3)离合器主缸活塞继续前移,由于主缸的工作容积减小(油压增大),在油压的作用下主缸泵腔的油从出油孔流向工作缸并推动活塞工作。工作缸活塞通过推杆推动分离叉,分离叉推动分离轴承,最终使离合器分离,如图2-27c)所示。

(4)松开离合器踏板时,通过复位弹簧将活塞推回到右侧,并且液压力减小。当活塞完全返回时,连杆通过弹簧座被拉右侧。从而进油阀打开至储液罐的通道,油通过进油孔流回储油室,如图2-27d)所示。

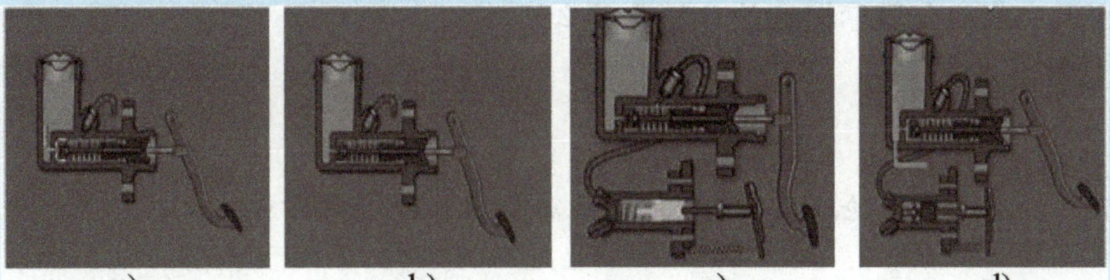

a) b) c) d)

图2-27 离合器主缸工作原理

4. 叙述装配离合器时注意的事项与主要装配步骤,并规范装配离合器。

1)装配注意事项

(1)在安装前要清洁相关零件。

(2)注意零件的安装位置和方向。

(3)工具的使用要合理规范。

(4)注意装配过程的安全。

(5)在实际车辆维修过程中,连接蓄电池负极后应复原车辆信息。

2)主要装配步骤

(1)安装离合器总成。

(2)安装变速器。

(3)安装传动轴。

3)具体装配步骤和要求

(1)使用专用工具(SST)将离合器从动盘(离合器盘)安装到飞轮上,如图 2-28 所示。

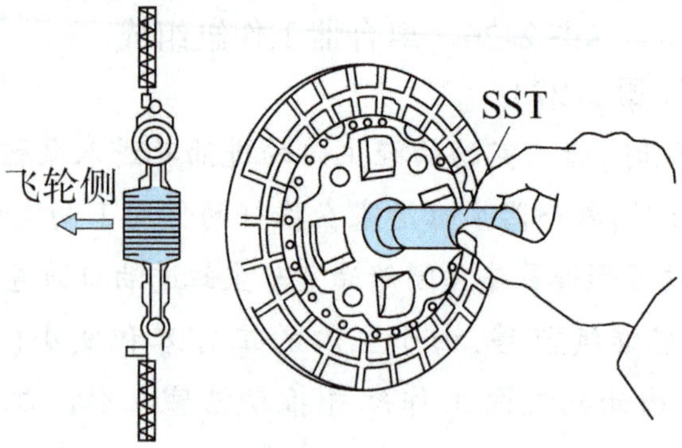

图 2-28　使用 SST 将离合器摩擦片安装到飞轮

学习思考

使用 SST 安装离合器摩擦盘的目的是什么?

小提示

安装前应清洁干净飞轮表面,安装时注意离合器片的安装方向。

(2)离合器压盘的安装(图 2-29)。

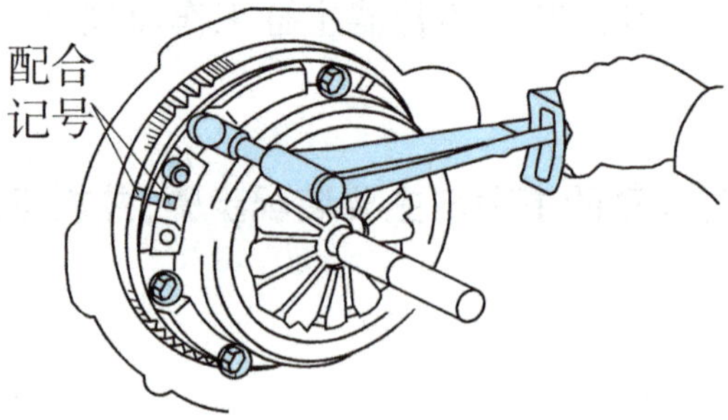

图 2-29　安装离合器压盘

对准装配记号,按对角顺序分多次均匀地拧紧螺栓。

小提示

拧紧压盘和飞轮安装螺栓时，应使用扭力扳手根据维修手册拧至规定力矩，拧紧力矩为19N·m。

(3)涂敷二硫化钼锂基润滑脂(NLGI No.2)或多用途润滑脂在图2-30所示零件上。

学习思考

为什么要在图2-30所示零件上涂敷二硫化钼锂基润滑脂？是否可以任意选择润滑脂？

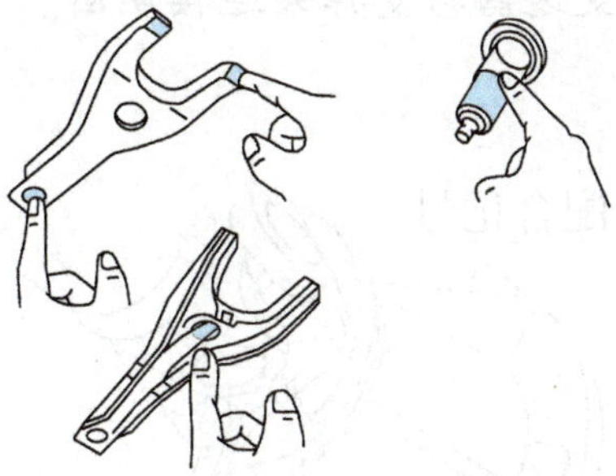

图2-30 涂敷润滑脂

小提示

变速器输入轴不能涂过多润滑脂，否则，装配时会漏到摩擦片表面造成打滑。

(4)将保护罩、分离叉和分离轴承装到变速器输入轴上(图2-31)。

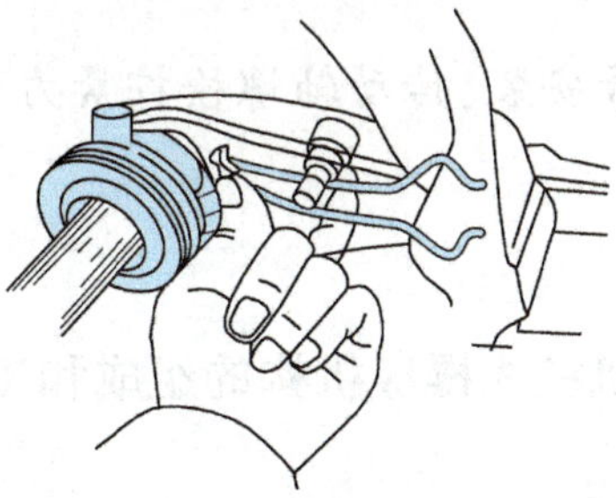

图2-31 安装分离轴承

小提示

安装分离轴承时，应在分离轴承的内腔部位补加润滑脂。

(5)安装变速器总成(图2-32)。

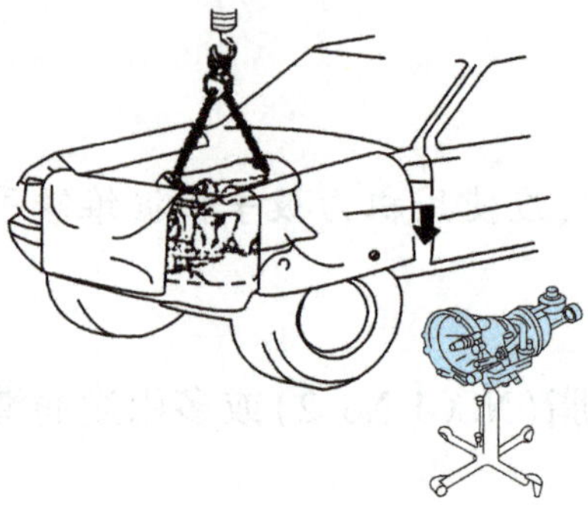

图 2-32　安装变速器总成

小提示

安装变速器总成时，应确保变速器与支撑架连接牢固。

(6)安装传动轴(图 2-33)。

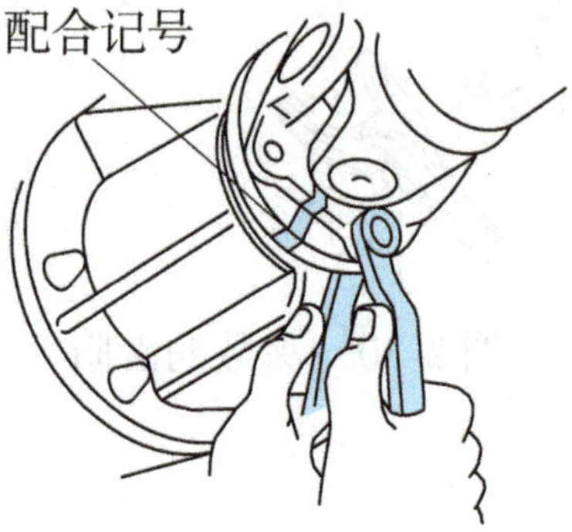

图 2-33　安装传动轴

小提示

安装传动轴时，应按原做记号安装，传动轴螺栓拧紧力矩为 74N · m。

学习拓展

离合器机械式操纵机构的组成和工作原理

1. 组成

机械式操纵机构主要由离合器踏板、离合器分离拉索和分离拨叉等组成，如图 2-34 所示。

将相应零件名称填在图 2-34 的方框内。

(备选答案：A. 离合器踏板　B. 分离拉索　C. 分离拨叉　D. 拨叉复位弹簧　E. 踏板复位弹簧)

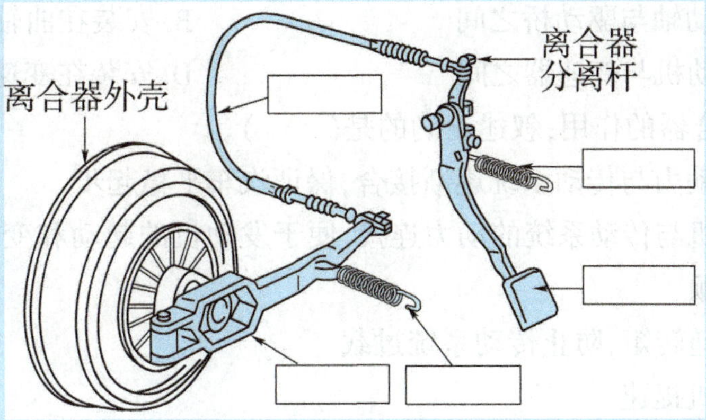

图2-34 机械式操纵机构

2. 工作原理

(1)切断动力，如图2-35a)所示。

踩下离合器踏板，通过离合器分离杆带动分离拉索，分离拉索带动分离叉，分离叉带动分离轴承，分离轴承推动膜片弹簧使压盘后移，从而切断动力。

(2)接合动力，如图2-35b)所示。

松开离合踏板，踏板在复位弹簧的作用下复位，同时带动分离拉索复位，分离叉在复位弹簧的作用下复位，同时分离叉带动分离轴承复位，摩擦片在膜片弹簧的作用下被压向飞轮，动力接合输出。

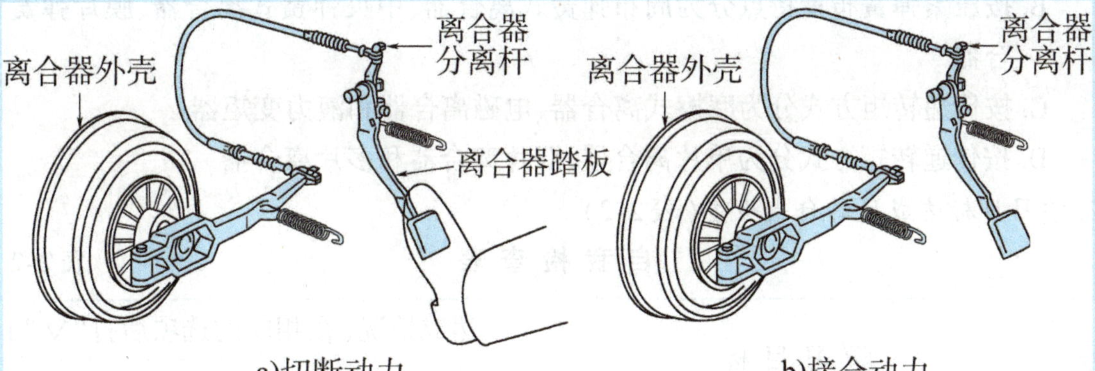

图2-35 工作原理

三、评价反馈

1. 学习自测题

(1)膜片弹簧式离合器主要由压盘、(　　)、分离轴承、分离拨叉等组成。

A. 摩擦片　　B. 变速器输入轴　　C. 飞轮　　D. 齿轮

(2)下列关于离合器安装位置,叙述正确的是(　　)。

A. 安装在传动轴与驱动桥之间　　B. 安装在曲轴与飞轮之间

C. 安装在发动机与变速器之间　　D. 安装在变速器与传动轴之间

(3)下列关于离合器的作用,叙述正确的是(　　)。

A. 使发动机动力与传动系统逐渐接合,保证汽车平稳起步

B. 切断发动机与传动系统的动力连接,便于发动机的起动和变速器换挡,保证换挡的工作平顺

C. 限制所传递转矩,防止传动系统过载

D. 加快发动机提速

(4)下列不属于离合器液压式操纵机构的元件是(　　)。

A. 离合器主缸　　B. 离合器工作缸

C. 离合器踏板　　D. 离合器压盘

(5)单片式离合器有(　　)个摩擦片。

A. 1　　B. 2　　C. 3　　D. 4

(6)双片式离合器有两个从动盘,有(　　)个摩擦表面。

A. 2　　B. 4　　C. 6　　D. 8

(7)关于离合器分类,下列叙述正确的是(　　)。

A. 按从动盘的数目分为单片离合器、双片离合器和多片离合器

B. 按压紧弹簧布置特点分为周布弹簧式离合器、中央弹簧式离合器、膜片弹簧式离合器

C. 按传递转矩方式分为摩擦式离合器、电磁离合器和液力变矩器

D. 按传递转矩方式分为单片离合器、双片离合器和多片离合器

2. 学习目标达成度的自我检查(表2-2)

自我检查表　　表2-2

序号	学习目标	达成情况(在相应的选项后打"√")		
		能	不能	如果不能,是什么原因
1	叙述离合器的组成、作用和工作原理			
2	识别离合器及其传动机构的主要零部件			
3	学会制订更换离合器摩擦片的工作计划			

续上表

序号	学习目标	达成情况(在相应的选项后打"√")		
		能	不能	如果不能,是什么原因
4	规范更换离合器			
5	懂得不同类型离合器的结构特点			
6	对离合器的安装质量进行自检			

3. 日常表现性评价(由小组长或者组内成员评价)

(1)工作页填写情况。( )

A. 填写完整　　B. 缺失0~20%

C. 缺失20%~40%　　D. 缺失40%以上

(2)工作着装是否规范?( )

A. 穿着校服(工作服),佩戴胸卡　　B. 校服或胸卡缺失一项

C. 偶尔会既不穿校服又不戴胸卡　　D. 始终未穿校服、佩戴胸卡

(3)能否主动参与工作现场的清洁和整理工作?( )

A. 积极主动参与5S工作

B. 在组长的要求下能参与5S工作

C. 在组长的要求下能参与5S工作,但效果差

D. 不愿意参与5S工作

(4)升降汽车时,有无进行安全检查并警示其他同学?( )

A. 有安全检查和警示　　B. 有安全检查,无警示

C. 无安全检查,有警示　　D. 无安全检查,无警示

(5)是否达到全勤?( )

A. 全勤　　B. 缺勤0~20%(有请假)

C. 缺勤0~20%(旷课)　　D. 缺勤20%以上

(6)总体印象评价。( )

A. 非常优秀　　B. 比较优秀

C. 有待改进　　D. 急需改进

(7)其他建议:

小组长签名:______________________　　________年______月______日

4. 教师总体评价

(1)对该同学所在小组整体印象评价。(　　)

A. 组长负责,组内学习气氛好

B. 组长能组织组员按要求完成学习任务,个别组员不能达成学习目标

C. 组内有30%以上的学员不能达成学习目标

D. 组内大部分学员不能达成学习目标

(2)对该同学整体印象评价:

____

____

____。

教师签名:______________________　　　　______年______月______日

学习任务3　手动变速器的分解与装配

学习目标

完成本学习任务后,你应当能:

1. 叙述变速器的组成、作用和工作原理;
2. 识别变速器总成的主要零部件;
3. 懂得制订变速器总成拆装的工作计划;
4. 规范拆装变速器总成;
5. 懂得不同类型变速器的结构特点;
6. 对变速器的安装质量进行自检。

建议完成本学习任务为18学时

课时分配:学习准备1学时;计划与实施12学时;学习拓展4学时;评价反馈1学时。

内容结构

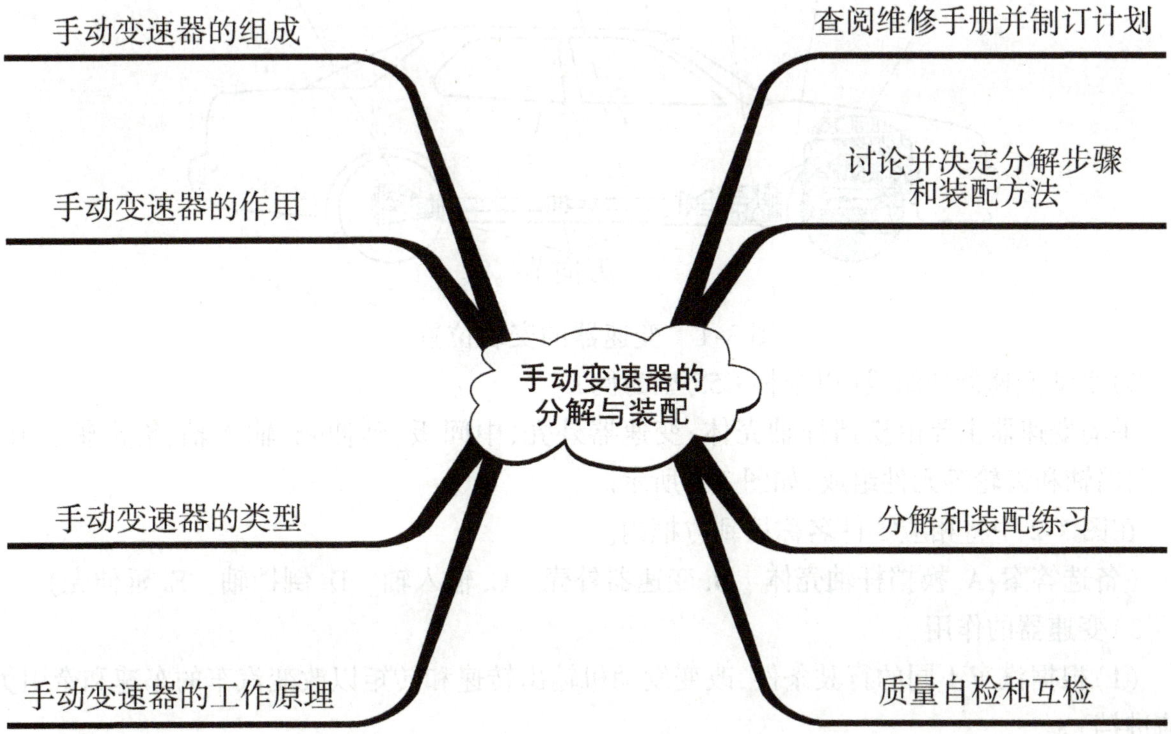

学习任务描述

客户反映变速器换挡困难,经维修技师诊断确认内部零件损坏,需要进行解体检修。请你按照技术规范,正确地进行变速器的分解与装配,安装后能使其正常工作。

变速器是汽车传动系统的组成部件,汽车行驶中驾驶人根据行驶条件需要变换车速和车轮的驱动,变速器的不同挡位适合于汽车在不同的工况和道路条件下行驶,变速器出现故障会给汽车换挡变速带来困难。目前变速器主要有自动变速器和手动变速器两种类型,通过对手动变速器的学习,懂得其组成、作用及安装位置,请你明确分解与装配手动变速器的操作规程和安装后的基本检查方法。

一、学习准备

1. 手动变速器安装位置在哪里?其组成、作用和类型有哪些?

1)变速器的安装位置

手动变速器安装在____________与____________之间,如图3-1所示。

(备选答案:A. 发动机　B. 离合器　C. 传动轴)

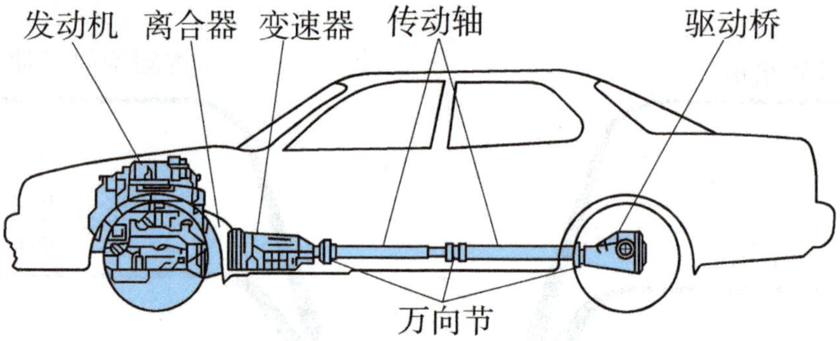

图3-1　变速器的安装位置

2)手动变速器的组成(以金杯G55型为例)

手动变速器主要由换挡杆轴壳体、变速器外壳、中间板、延伸壳、输入轴、输出轴、中间轴、倒挡轴和齿轮等元件组成,如图3-2所示。

在图3-2中将相应零件名称填到方框内。

(备选答案:A. 换挡杆轴壳体　B. 变速器外壳　C. 输入轴　D. 倒挡轴　E. 延伸壳)

3)变速器的作用

(1)根据汽车不同的行驶条件,改变发动机输出转速和转矩以改变汽车的车速和牵引力(前进挡)。

(2)在发动机工作时切断发动机与传动系统的动力连接(空挡)。

(3)在汽车需要倒车时改变传动系统的传动方向(倒挡)。

4)变速器的分类

手动变速器按齿轮轴数分为二轴式手动变速器和三轴式手动变速器。

二轴式手动变速器是指变速器只有输入轴和输出轴,且两轴平行,它用于前轮驱动的车辆上,如图3-3所示。

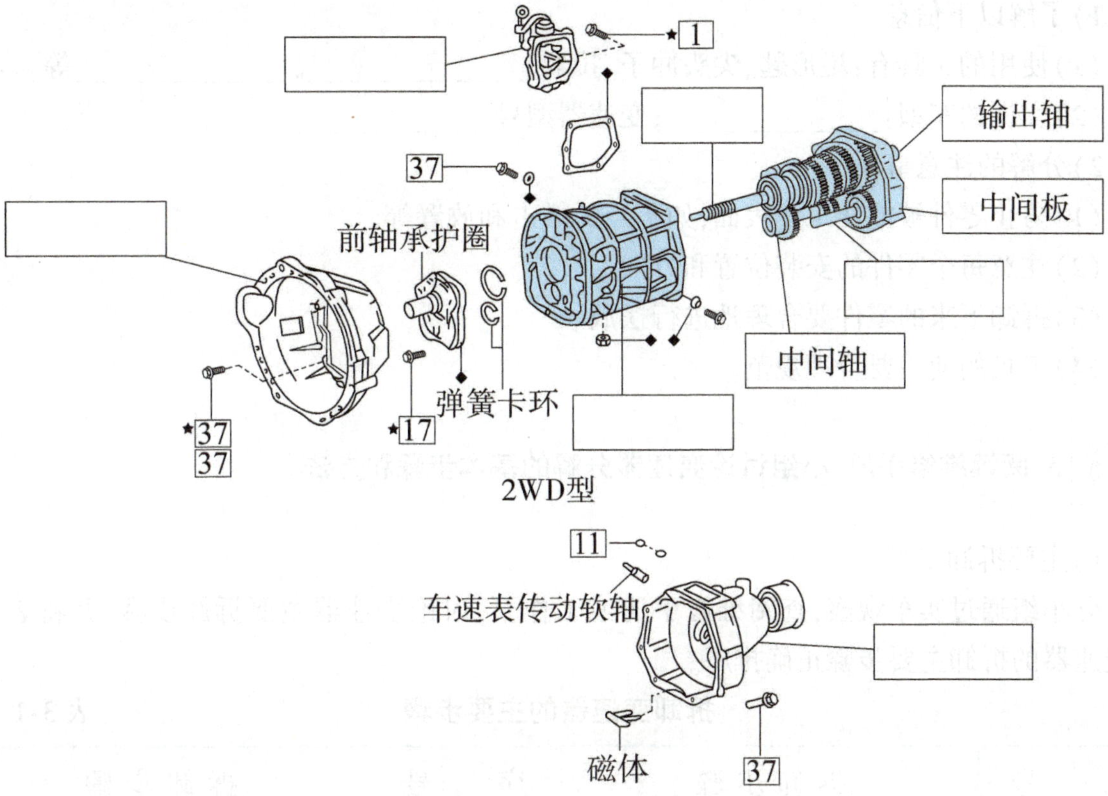

图3-2　变速器的组成

三轴式手动变速器是指除输入轴和输出轴外,还有中间轴,输入轴和输出轴共线,它用于后轮驱动的车辆上,如图3-4所示。

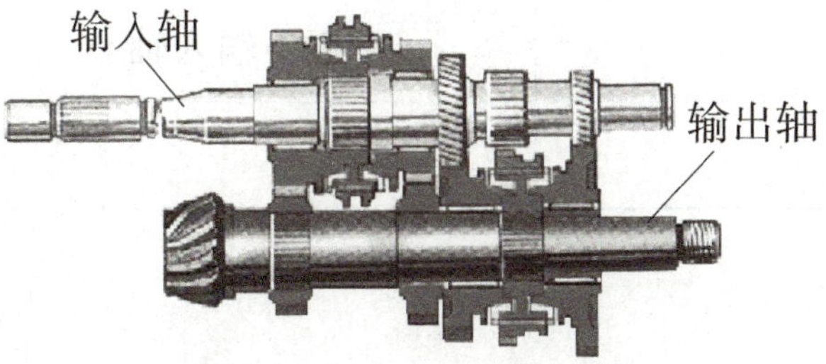

图3-3　二轴式变速器

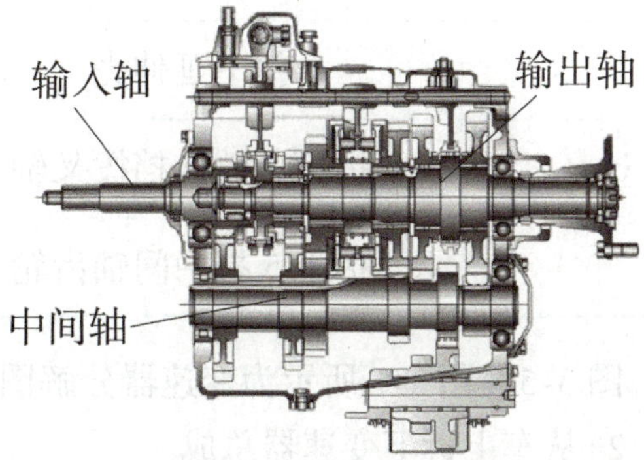

图3-4　三轴式变速器

在三轴式手动变速器中，中间轴的作用是用来固定安装各挡的传动齿轮。

二、计划与实施

2. 请叙述分解变速器前需要了解的信息。

1）了解以下信息

（1）使用的工具有：星形匙、尖头冲子、拉器、________________、________________等。

（2）实训的车型：________________；变速器型号：________________。

2）分解的注意事项

（1）防止零件被擦伤工作表面，如不当的敲击和放置等。

（2）注意每个零件的安装位置和方向。

（3）拆卸下来的零件要合理地进行摆放。

（4）工具的使用要合理规范。

3. 阅读维修手册，小组讨论变速器分解的基本步骤和方法。

1）主要拆卸步骤

分小组通过实车观察，查阅维修手册或工作页，讨论变速器主要拆卸步骤，并将表3-1中变速器的拆卸主要步骤正确排序。

拆卸变速器的主要步骤 表3-1

序　号	拆卸步骤	序　号	拆卸步骤
	拆下换挡杆轴壳体部件		取下中间轴
	从变速器外壳拆下离合器壳体		拆下倒挡惰轮和轴
	拆下延伸壳		拆下输出轴
	拆下各挡换挡拨叉轴		拆下输入轴
	拆下5挡中间轴齿轮		

图3-5～图3-7所示为变速器分解图。

2）从车上拆下变速器总成

（1）脱开蓄电池的负极电缆，如图3-8所示。

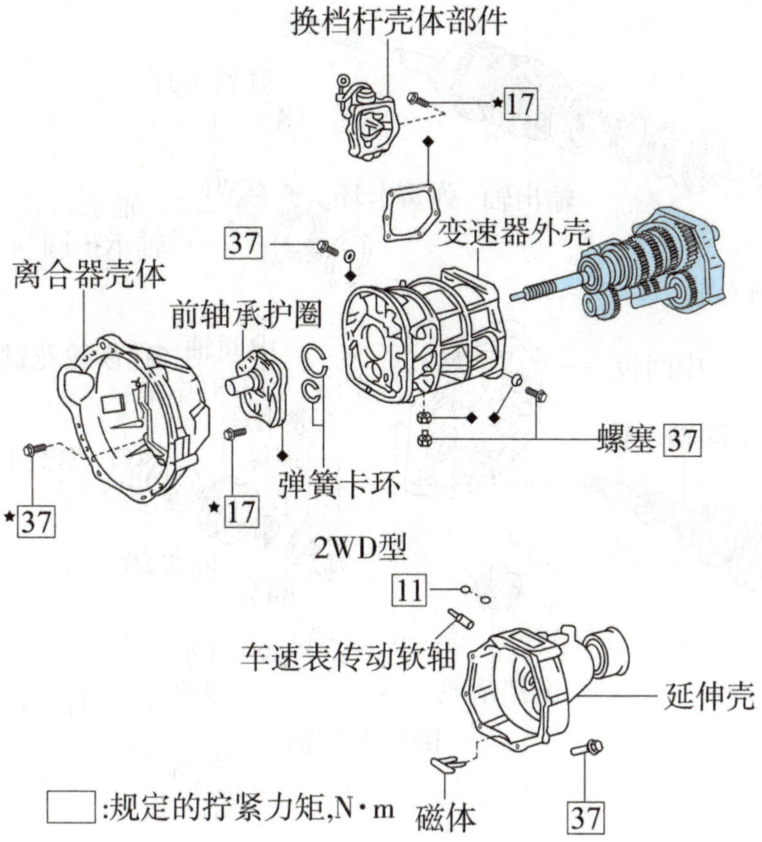

图3-5　变速器分解图(1)

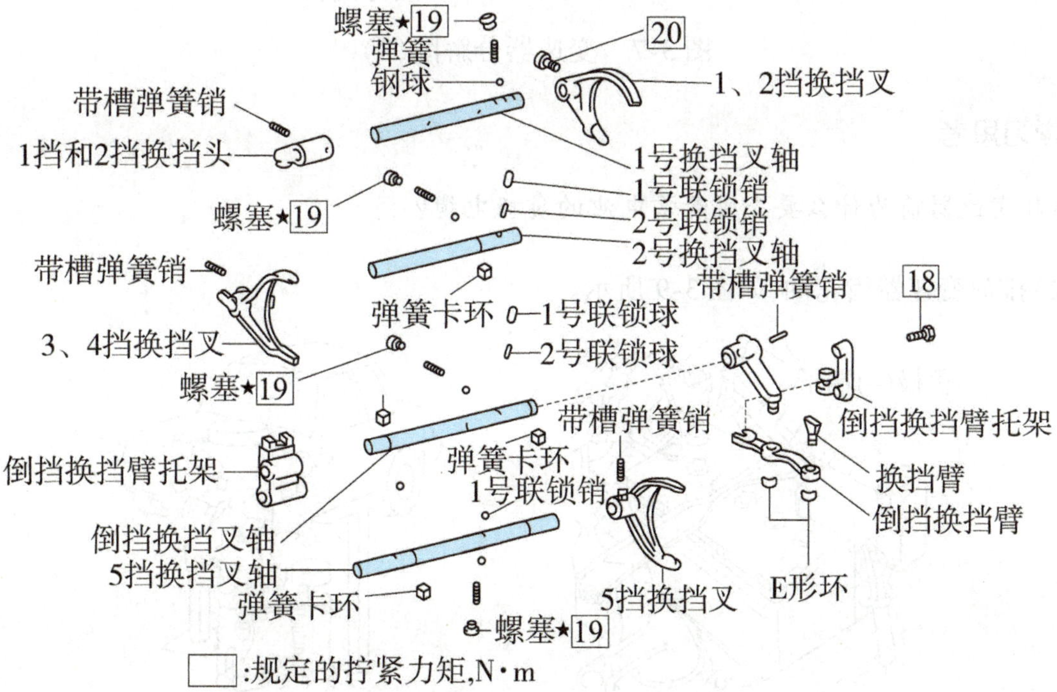

图3-6　变速器分解图(2)

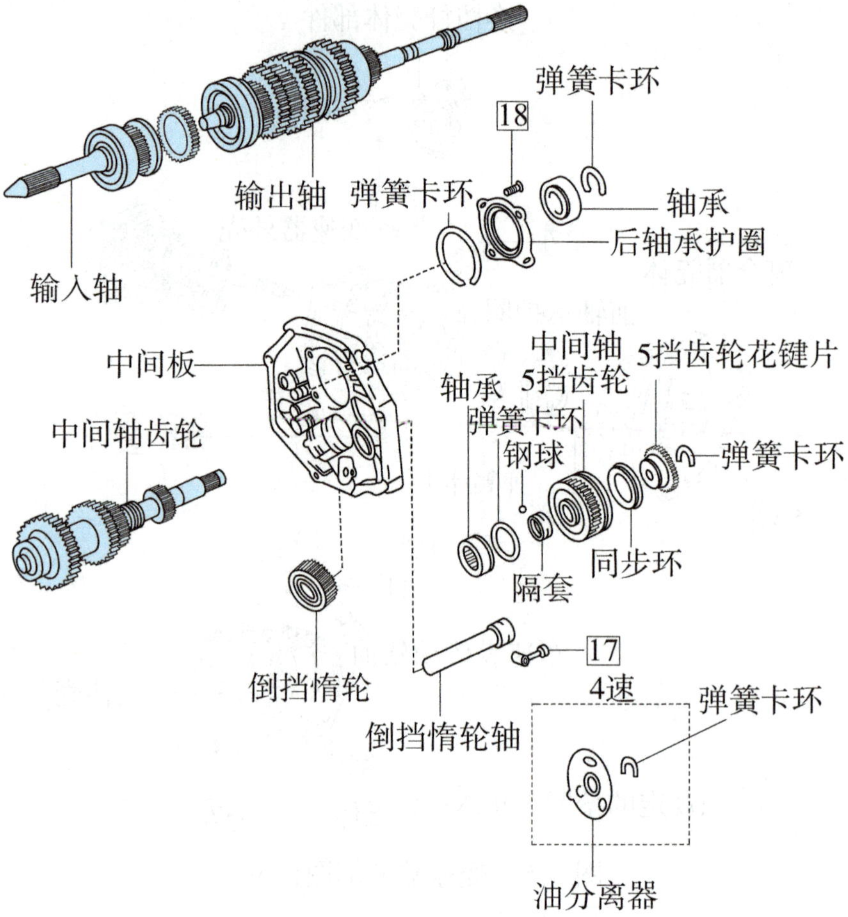

图 3-7　变速器分解图(3)

学习思考

拆卸变速器前为什么要先脱开蓄电池的负极电缆？

(2)排放变速器齿轮油，如图 3-9 所示。

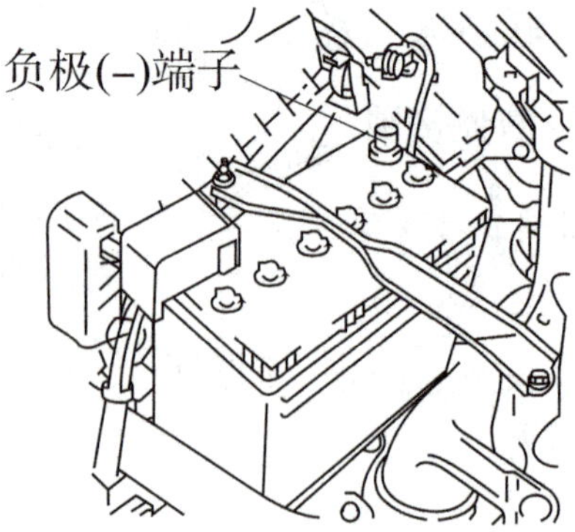

图 3-8　脱开蓄电池负极电缆

图 3-9　排放变速器齿轮油

(3)在传动轴的凸缘上画上配合记号,拆下传动轴总成,如图3-10所示。

学习思考

拆卸传动轴总成前画配合记号的目的是什么?

(4)从车上拆卸变速器外部连接件并拆下变速器总成,如图3-11所示。

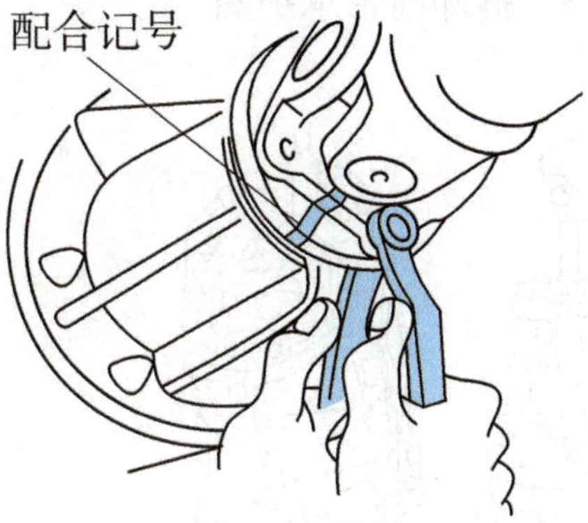

图3-10　拆卸传动轴总成

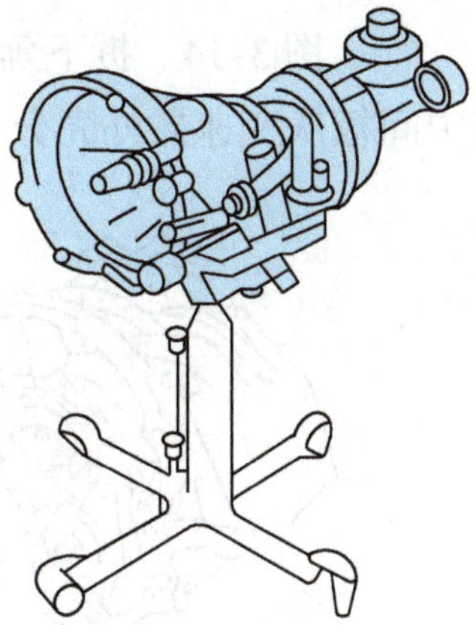

图3-11　从车上拆下变速器总成

3)具体拆卸步骤和要求

(1)拆下离合器分离叉和分离轴承。

(2)拆下倒挡开关和车速表传动软轴。

(3)从变速器外壳拆下离合器壳体,如图3-12所示。

(4)拆卸换挡杆壳体,如图3-13所示。

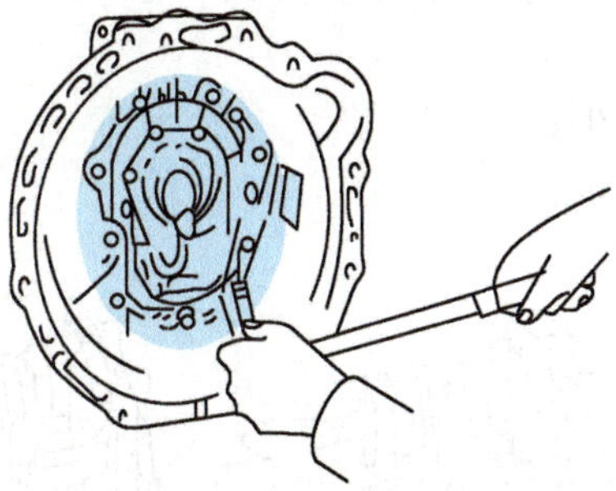

图3-12　拆下离合器壳体

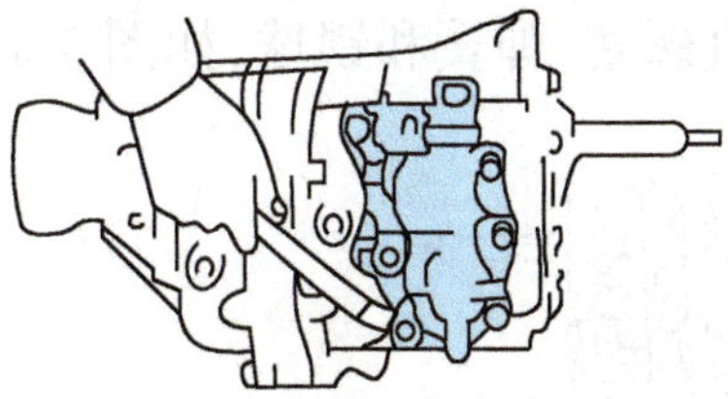

图3-13　拆换挡杆壳体

(5)拆下延伸壳,如图3-14所示。

(6)拆卸前轴承护圈,如图3-15所示。

(7)拆卸前轴承卡环,如图3-16所示。

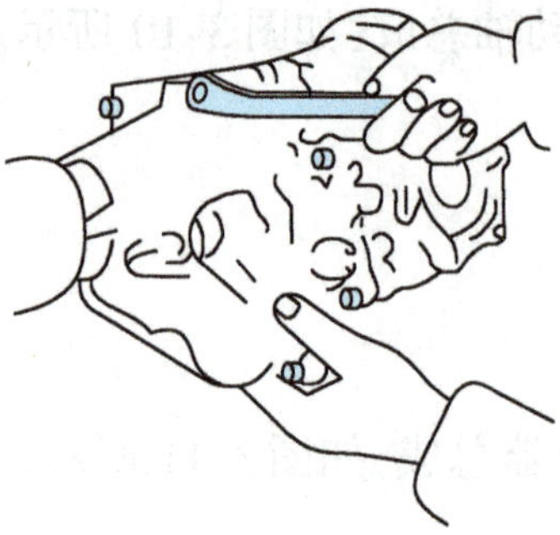

图 3-14 拆下延伸壳

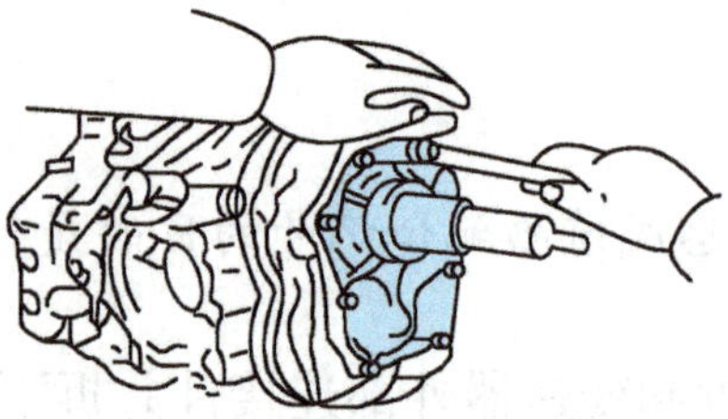

图 3-15 拆卸前轴承护圈

(8)将中间板从变速器外壳分开,如图 3-17 所示。

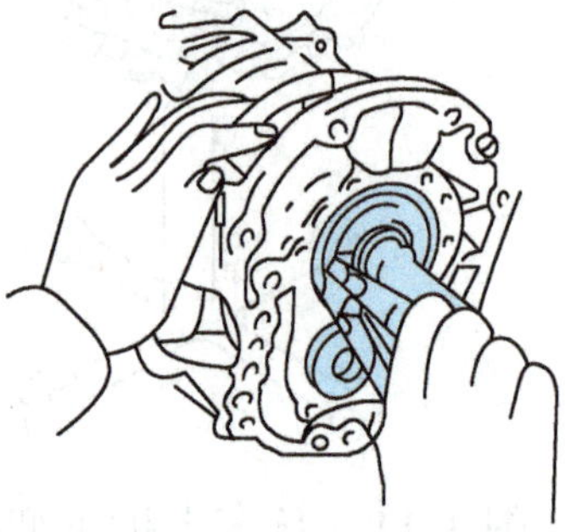

图3-16 拆卸前轴承卡环

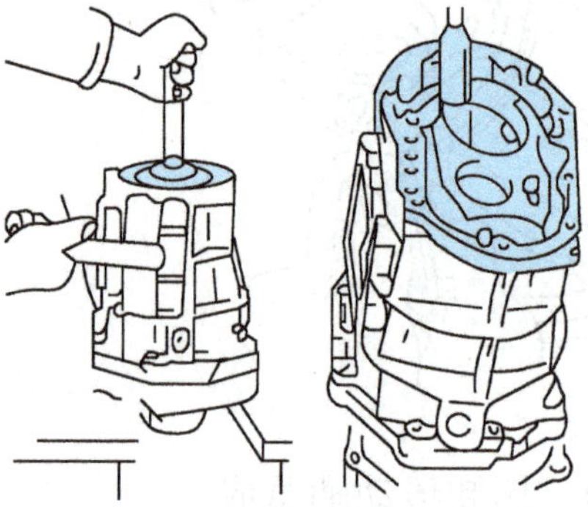

图 3-17 分离变速器外壳

①固定变速器。

②使用塑料锤子小心地敲出变速器外壳。

小提示

拆卸变速器外壳时不能使用金属物体直接敲击,否则会损坏壳体。

(9)将中间板固定在台虎钳上,如图 3-18 所示。

(10)拆下直螺塞、弹簧和锁球,如图 3-19 所示。

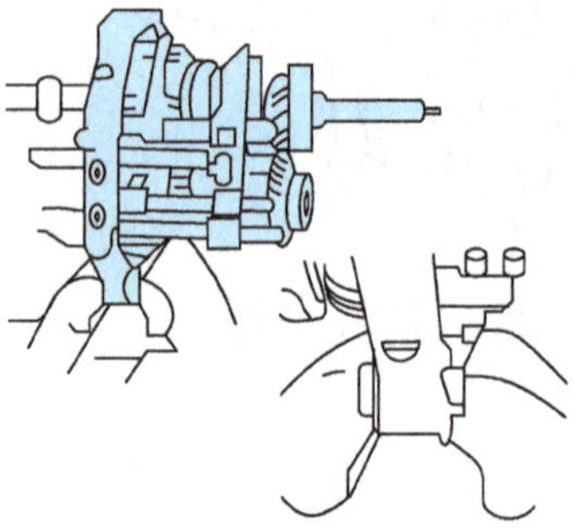

图 3-18 固定中间板

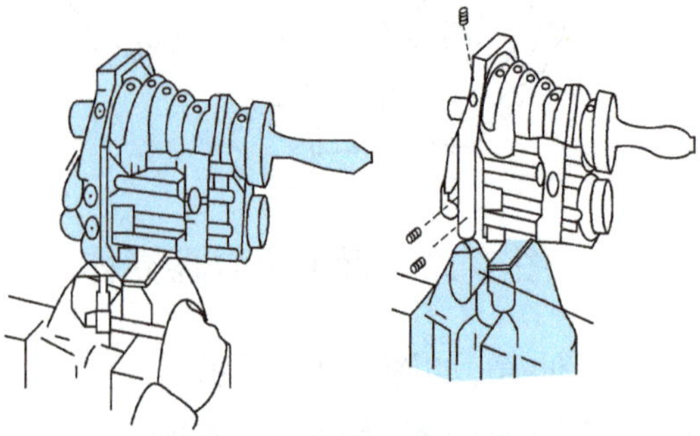

图 3-19 拆卸直螺塞

①使用专用星形匙拆下直螺塞。

②使用磁棒取出弹簧和钢球。

自锁装置是由弹簧和钢球组成。

自锁装置的作用是防止自动脱挡和挂挡。

(11)拆下换挡叉轴的弹簧卡环,如图3-20所示。

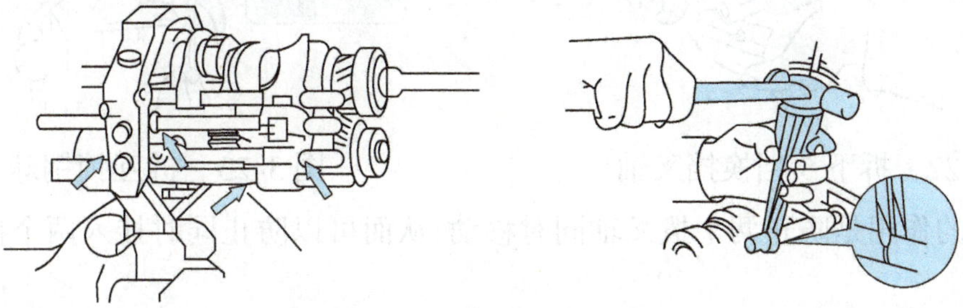

图3-20　拆下弹簧卡环

使用两把一字螺丝刀和锤子敲出弹簧卡环。

(12)用尖头冲子和锤子敲出带槽的弹簧销,如图3-21所示。

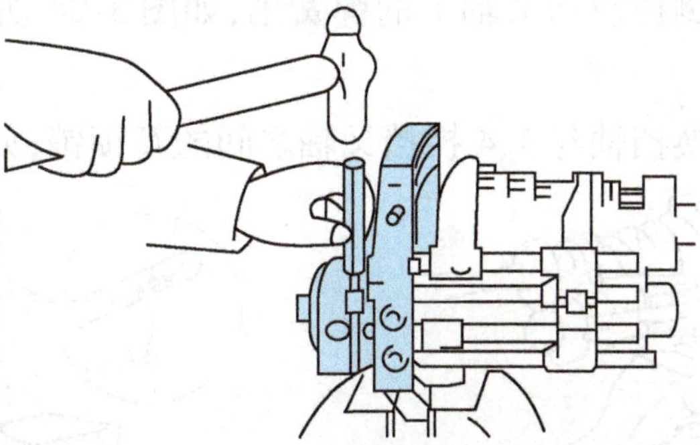

图3-21　敲出弹簧销

小提示

拆卸弹簧销时应选用合适的工具。

(13)拆下5挡的换挡叉轴,如图3-22所示。

①从5挡、倒挡换挡头取下钢球。

②取下5挡换挡叉轴。

小提示

相关零件拆卸出来前应查看是否有装配标记,拆出来的零件应按标记摆放好。

(14)用磁棒取出5挡与倒挡换挡叉轴之间的钢球,如图3-23所示。

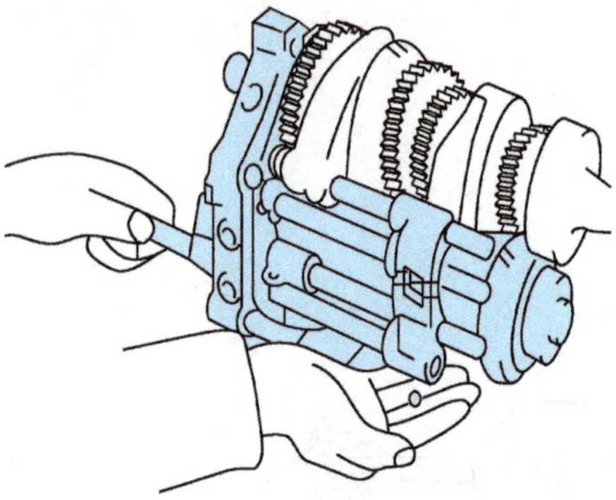

图 3-22　拆下 5 挡换挡叉轴

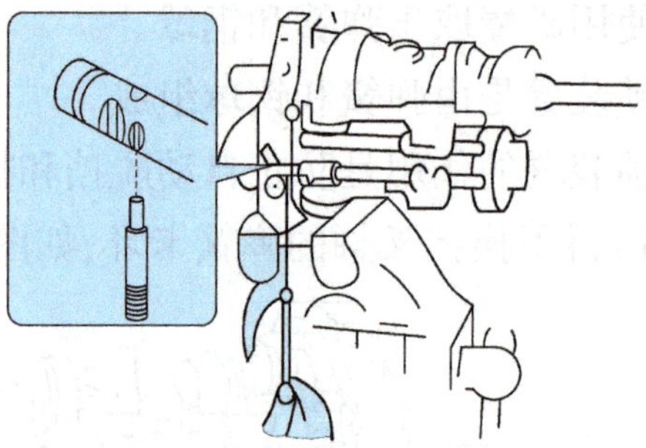

图 3-23　拆互锁钢球

互锁装置的作用是防止两个拨叉轴同时移动，从而可以防止同时挂入两个挡。

小提示

相关零件拆卸下来应按标记摆放好，注意区分相关的安装位置零件。

（15）使用销冲子敲出倒挡换挡叉轴上的弹簧销，如图 3-24 所示，取下倒挡换挡叉轴和倒挡换挡臂。

（16）用磁棒取下倒挡换挡轴与 3、4 换挡叉轴之间的互锁销，如图 3-25 所示。

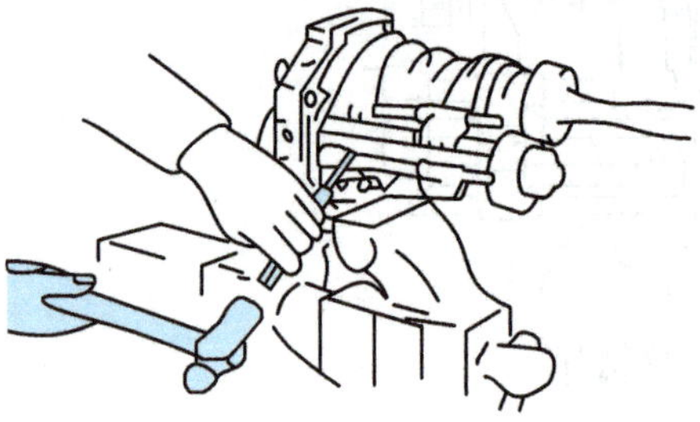

图 3-24　敲出弹簧销

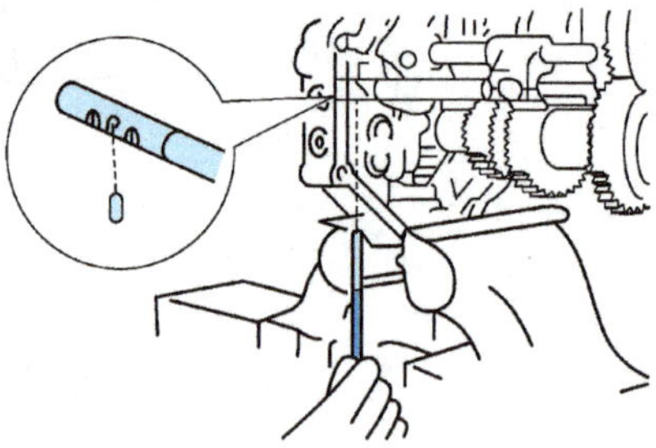

图 3-25　拆互锁销

（17）使用销冲子和锤子从 3、4 挡换挡叉上敲出带槽弹簧销，如图 3-26 所示。

（18）取下 3、4 挡换挡叉轴，同时用磁棒取出 3、4 挡换挡轴与 1、2 挡换挡轴之间的互锁钢球，如图 3-27 所示。

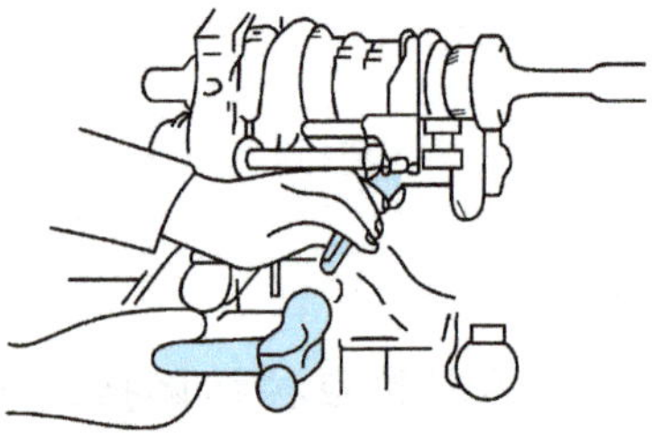

图 3-26　敲出弹簧销

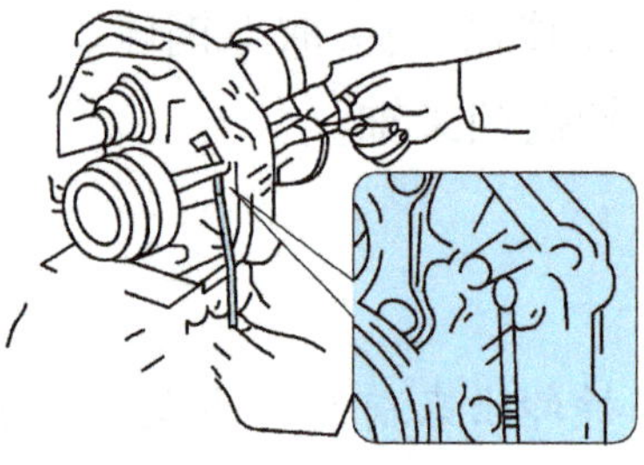

图 3-27　取下换挡轴

小提示

相关零件拆卸下来后应按标记摆放好，注意区分相关零件的安装位置。

(19)拆下1、2挡换挡叉上固定螺栓和1、2挡换挡叉轴，如图3-28所示。

(20)拆下5挡齿轮花键片、同步环、滚针轴承和5挡中间轴齿轮。使用2把一字螺丝刀和锤子敲出弹簧卡簧，如图3-29所示。

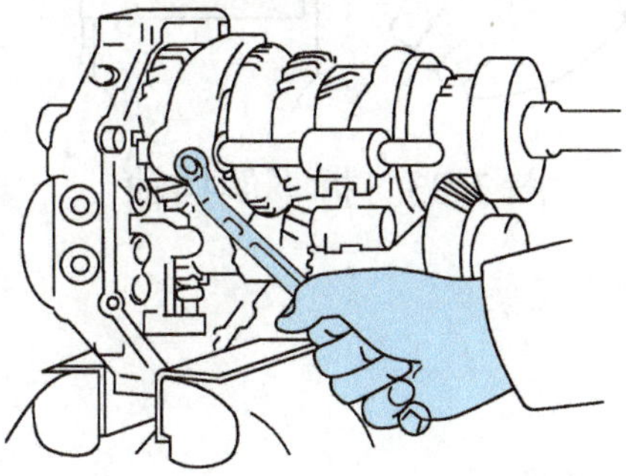

图3-28 拆螺栓

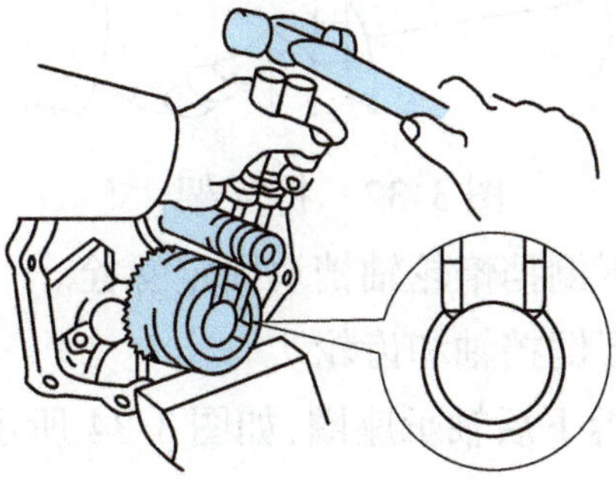

图3-29 敲出弹簧卡簧

小提示

拆下5挡齿轮花键片的弹簧卡簧时，应使用2把一样大小和长短的一字螺丝刀。

(21)锁环式同步器由接合套、花键毂、同步环、滑块和弹簧圈组成。使用专用工具SST拆下5挡齿轮花键片，取下同步环、滚针轴承和5挡齿轮，如图3-30所示。

(22)拆下隔套和钢球，如图3-31所示。

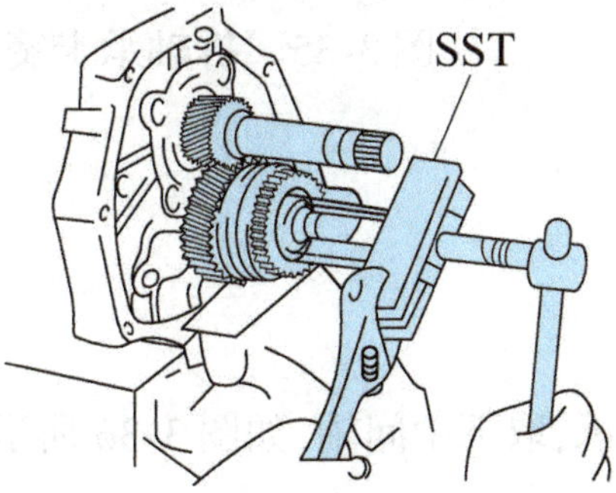

图3-30 拆下花键片

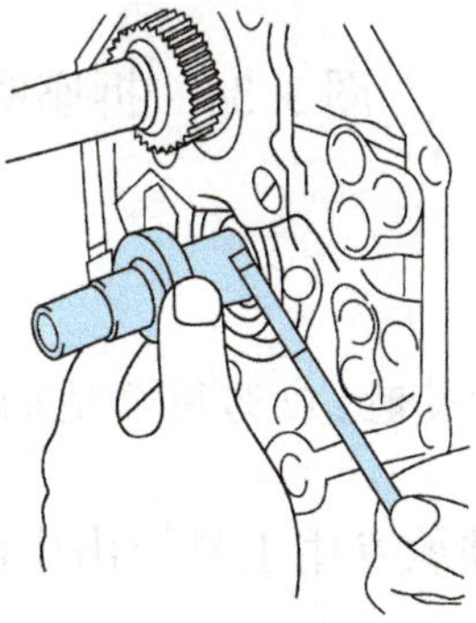

图3-31 拆隔套

小提示

拆下5挡齿轮花键片时，应规范使用专用工具SST，否则容易损坏零件或工具。

(23)拆下倒挡换挡臂支架,如图3-32所示。

(24)拆下倒挡惰轮和轴,如图3-33所示。

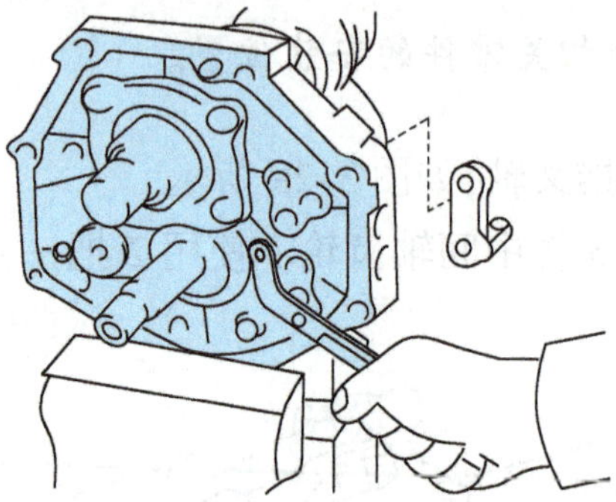

图3-32　拆支架

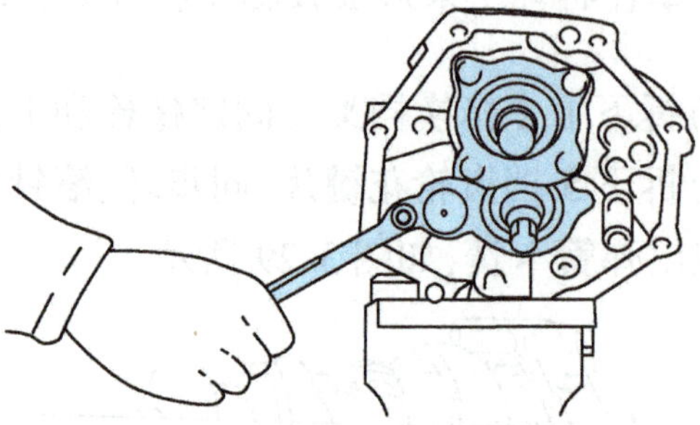

图3-33　拆下倒挡轴

①拧下倒挡惰轮轴挡块固定螺栓。

②拆下倒挡轴和齿轮。

(25)拆下后轴承座圈,如图3-34所示。

(26)用卡簧钳拆下中间轴后轴承卡簧,如图3-35所示。

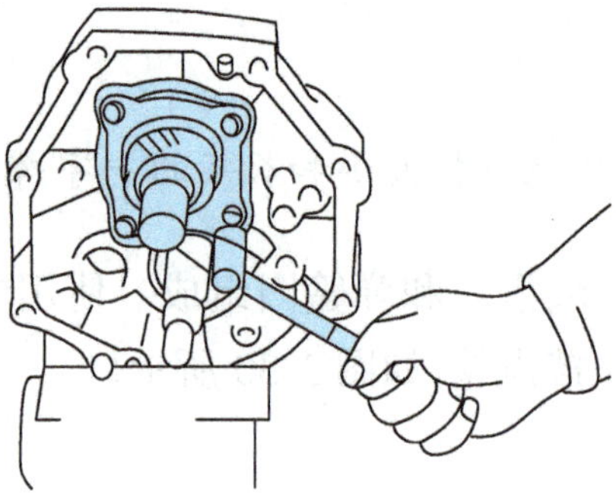

图3-34　拆座圈

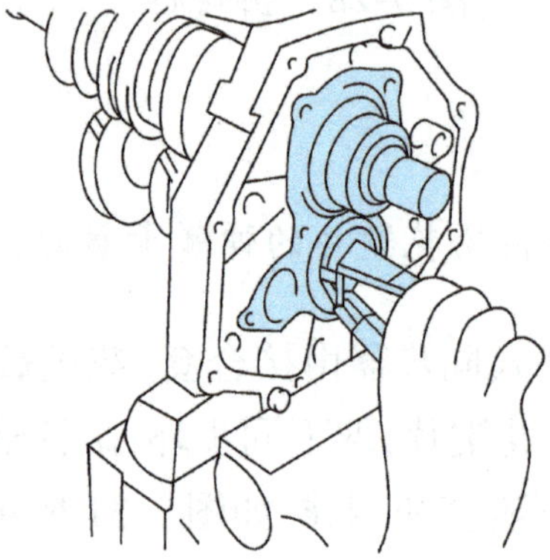

图3-35　拆轴承卡簧

小提示

拆卸轴承卡簧时,应选用合适的卡簧钳。

(27)使用轴承专用工具拉出中间轴后轴承,取下中间轴,如图3-36所示。

小提示

拆轴承时,注意选用专用轴承拉工具,并规范使用SST,否则容易损坏零件或工具。

(28)拆下输入轴,如图3-37所示。

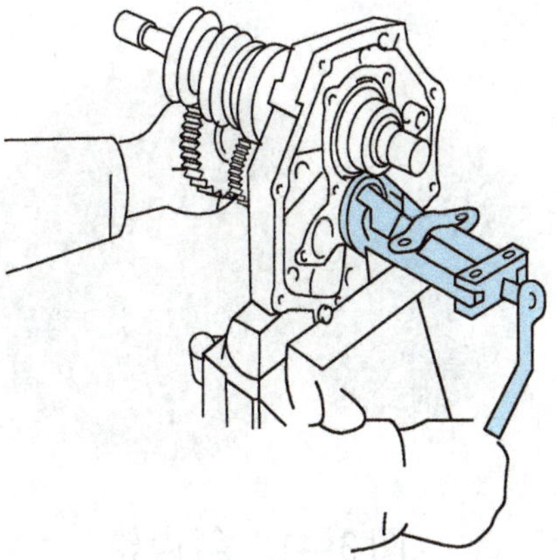

图 3-36　拉出轴承

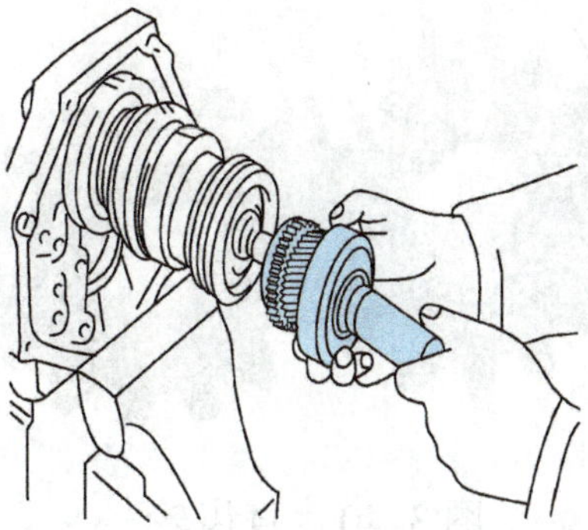

图 3-37　拆下输入轴

(29)使用卡簧钳拆下输出轴后轴承弹簧卡簧,如图 3-38 所示。

(30)向外拉输出轴同时用塑料锤子敲中间板,从中间板上拆下输出轴,如图 3-39 所示。

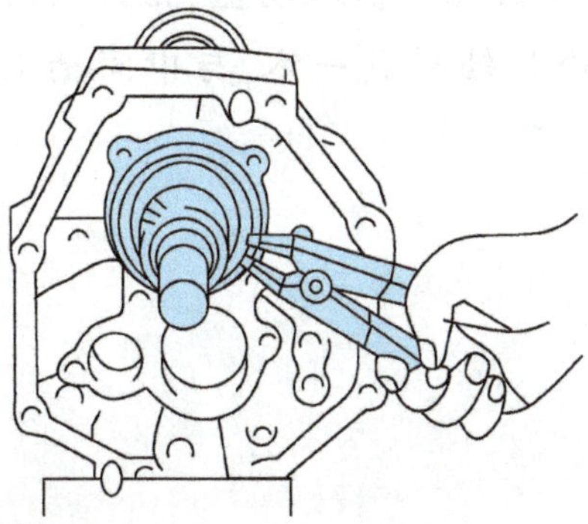

图 3-38　拆弹簧卡簧

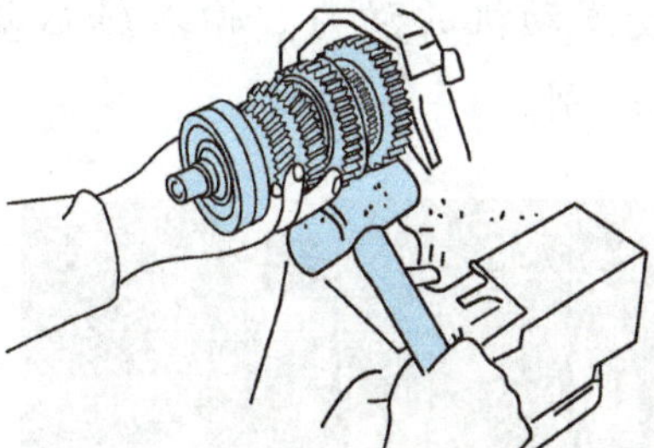

图 3-39　拆下输出轴

学习拓展

1. 手动变速器的结构

1)齿轮的类型

手动变速器中齿轮常用的类型有直齿轮与斜齿轮两种。

(1)直齿轮,如图 3-40 所示。

在变速器中直齿轮是换挡齿轮。

(2)斜齿轮,如图 3-41 所示。

斜齿轮是常啮合齿轮。

图 3-40　直齿轮

图 3-41　斜齿轮

学习思考

图 3-42 中哪些齿轮是直齿轮,哪些齿轮是斜齿轮?

2)输入轴(图 3-43)

变速器的输入轴(第一轴)前端的花键部分安装离合器从动盘,借此与发动机曲轴相连,以接受发动机的动力。输入轴后端的齿轮与轴制成一体,与中间轴上的齿轮组成常啮合齿轮副。

图 3-42　变速器

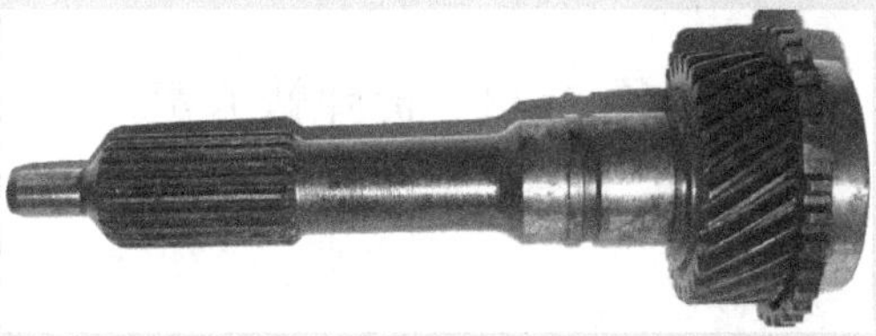

图 3-43　输入轴

3)输出轴(图 3-44)

变速器的输出轴(第二轴)主要用来安装各挡传动齿轮。通过轴承对输出轴进行轴向定位,其后端通过花键齿与传动轴相连接,将动力输出。

4)中间轴(图 3-45)

变速器的中间轴通过两端轴承支撑在壳体上,主要用来固定安装各挡的变速传动齿轮。

图 3-44　输出轴

图 3-45　中间轴

学习思考

图 3-46 箭头指示的零件名称是什么？请将相应名称写入方框内。

（备选答案：A. 输入轴　B. 输出轴　C. 中间轴）

图 3-46　变速器

5）轴承

（1）轴承的作用。变速器轴承用来支撑定位各轴，承受轴向载荷力。

（2）轴承的类型，如图 3-47 所示。

轴承的类型有球轴承、滚针轴承、圆柱滚针轴承、圆锥滚子轴承和铜套轴承等。

6）同步器

（1）同步器的组成如图 3-48 所示。同步器主要由接合套、花键毂、锁环、滑块和弹簧圈组成。请将相应零件名称填在图 3-48 的方框内。

（备选答案：A. 接合套　B. 花键毂　C. 锁环　D. 滑块　E. 弹簧圈）

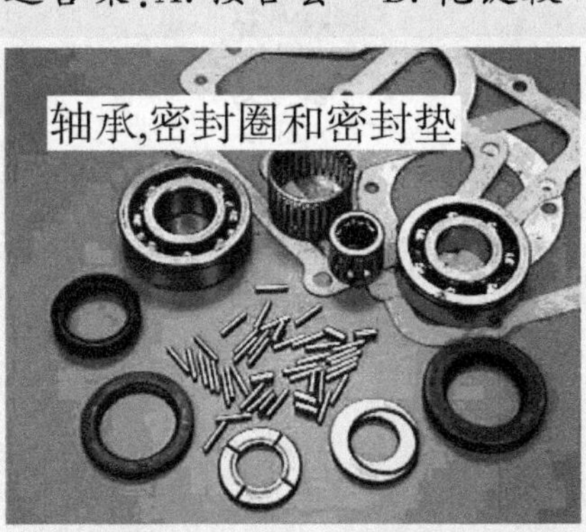

图 3-47　轴承

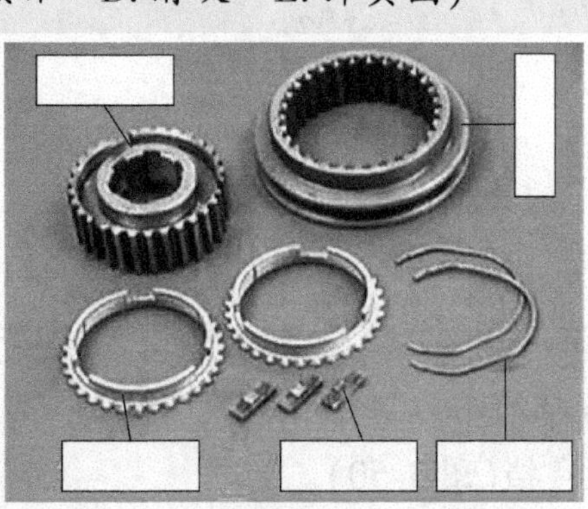

图 3-48　同步器的组成

(2)同步器的作用是使转速不同的齿轮实现速度同步(同速转动),并防止待啮合的齿轮达到同步之前产生轮齿冲击。

2. 手动变速器的工作原理

1)齿轮传动比的计算

传动比的计算公式为:

$$i=\frac{z_2}{z_1}=\frac{n_1}{n_2}$$

式中:i——传动比;

n_1——主动轴(输入轴)转速;

n_2——从动轴(输出轴)转速;

z_1——主动齿轮齿数;

z_2——从动齿轮齿数。

2)工作原理

手动变速器大多采用齿轮式机械变速器。通过不同齿数齿轮副的啮合传动,改变输出的转速和转矩。当以大齿轮带动小齿轮,则输出转速升高、转矩下降;当以小齿轮带动大齿轮,则输出转速降低、转矩增大(图3-49)。

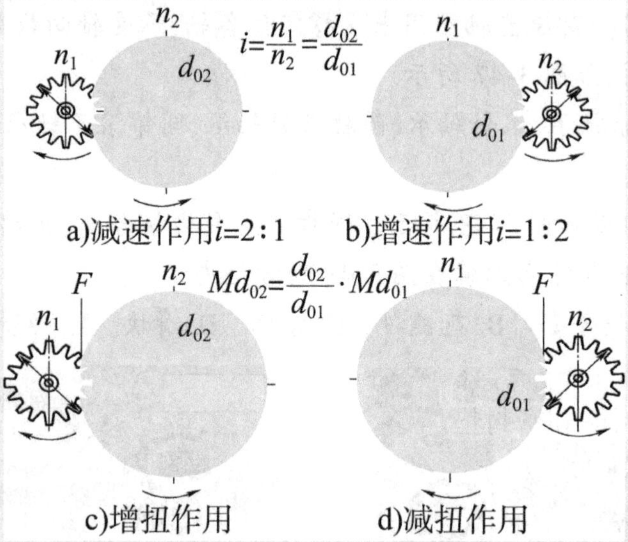

图3-49　手动变速器工作原理

3. 各挡的动力传递路线

(1)空挡(图3-50)。

输入轴 → 主驱动齿轮(第4挡) → 中间轴齿轮

图3-50　空挡

(2)换至1挡(图3-51)。

输入轴→主驱动齿轮(第4挡)→中间轴齿轮→1挡齿轮→1、2挡接合套→输出轴

图3-51　1挡

(3)换至2挡(图3-52)。

输入轴→主驱动齿轮(第4挡)→中间轴齿轮→2挡齿轮→1、2挡接合套→输出轴

图3-52　2挡

(4)换至3挡(图3-53)。

输入轴→主驱动齿轮(第4挡)→中间轴齿轮→3挡齿轮→3、4挡接合套→输出轴

图3-53　3挡

(5)换至4挡(图3-54)。

输入轴→4挡齿轮→3、4挡接合套→输出轴

图3-54　4挡

(6)换至5挡(图3-55)。

输入轴→主驱动齿轮(第4挡)→中间轴驱动齿轮→5挡接合套→5挡齿轮→输出轴

图3-55　5挡

(7)换至倒挡(图 3-56)。

输入轴 → 主驱动齿轮(第 4 挡) → 中间轴齿轮 → 倒挡主动齿轮 → 倒挡齿轮 → 倒挡从动齿轮 → 输出轴

图 3-56　倒挡

4. 请叙述装配变速器时的注意事项,小组讨论主要装配步骤。

1)装配注意事项

(1)防止进入异物,如砂砾、灰尘。

(2)在装配前清洁洗刷零件,保持零件干净。

(3)注意每个零件的安装位置和方向。

(4)非重复使用零件不能重复使用。

(5)装配过程注意给零件添加润滑油。

2)主要装配步骤

(1)将输出轴装入中间板。

(2)将第一轴(输入轴)装入第二轴(输出轴)。

(3)将中间轴齿轮装到中间板上。

(4)安装倒挡惰轮和轴。

(5)安装 1、2 挡换挡叉轴和换挡叉。

(6)安装 3、4 挡换挡叉轴和换挡叉。

(7)安装倒挡换挡叉轴和换挡头。

(8)安装 5 挡换挡叉轴和换挡叉(5 速)。

(9)安装锁球、弹簧和直螺塞。

(10)安装变速器外壳。

3）具体装配步骤和要求

（1）将输出轴装入中间板。

①一边拉输出轴，一边敲中间板，将输出轴装入中间板，如图3-57所示。

②使用卡簧钳安装输出轴中间轴承的弹簧卡环，如图3-58所示。

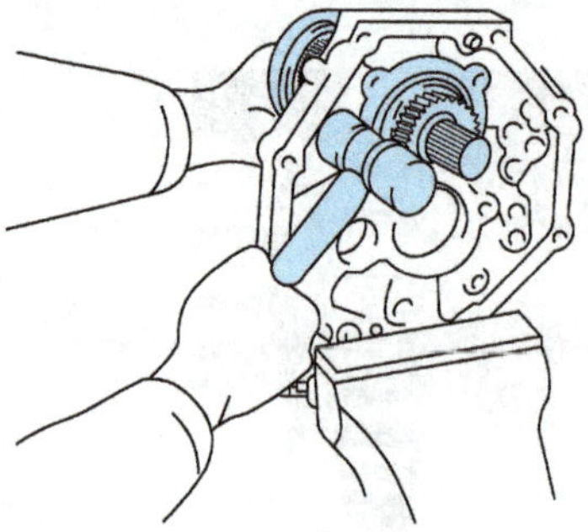

图3-57　安装输出轴

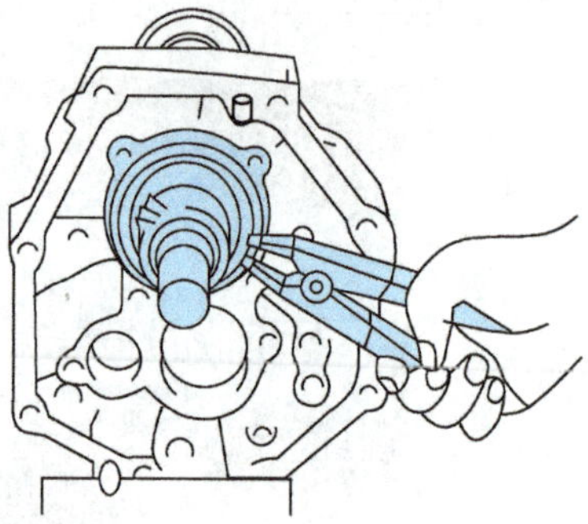

图3-58　安装卡环

小提示

弹簧卡环装到位后应能转动。

（2）将第一轴（输入轴）装入第二轴（输出轴）。

①将滚针装入输入轴前，应在轴承的13个滚针上涂敷MP润滑脂，如图3-59所示。

②将输入轴装入输出轴，如图3-60所示。

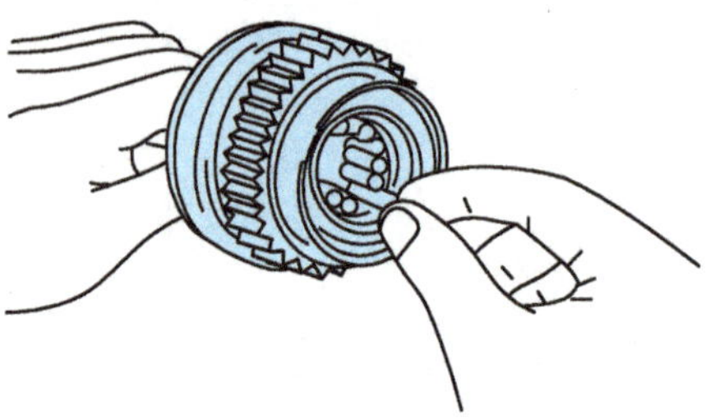

图3-59　安装滚针

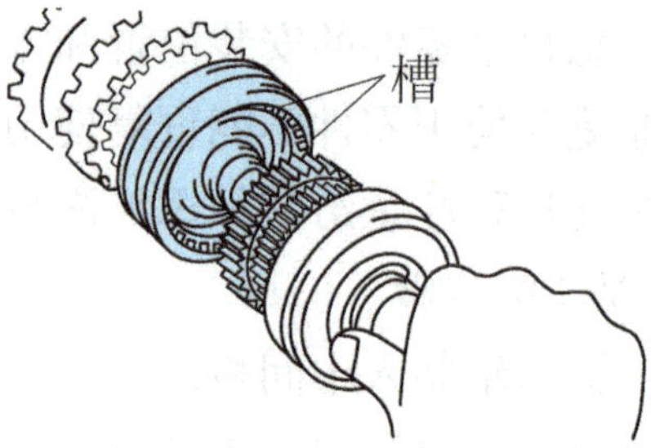

图3-60　安装输入轴

小提示

将输入轴装入输出轴时，应使同步环槽对齐变速键。

（3）将中间轴齿轮装到中间板上。

①使用弹簧卡环钳子将弹簧卡环安装在中间轴齿轮的后轴承上，如图3-61所示。

②使用SST装上中间轴后轴承，如图3-62所示。

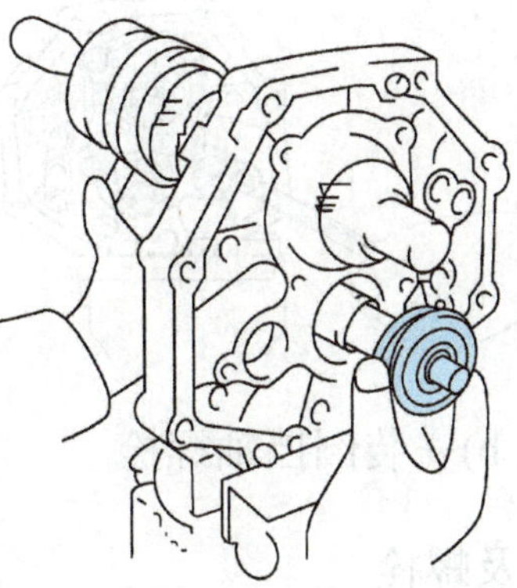

图3-61　安装弹簧卡环

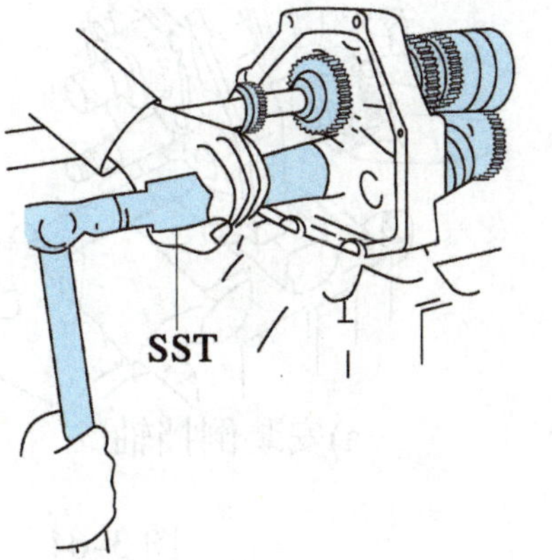

图3-62　安装中间轴轴承

小提示

安装轴承时应使用专用工具,保持轴承平衡进去。

(4)安装后轴承护圈,如图3-63所示。

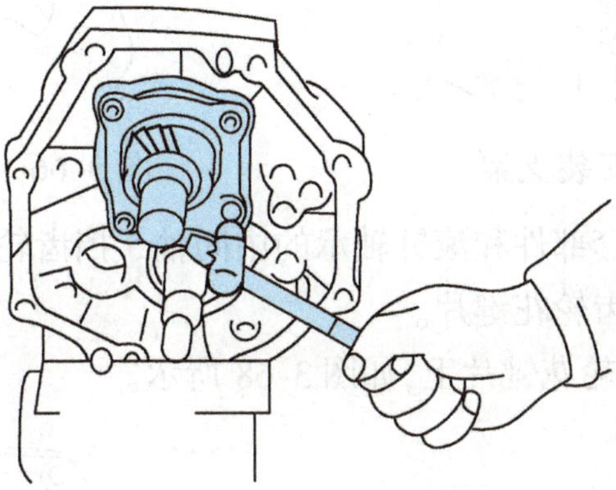

图3-63　安装护圈

安装时应使用扭力套筒扳手安装并旋紧螺栓,拧紧力矩为18N·m。

(5)安装倒挡齿轮和轴,如图3-64a)所示。

安装倒挡轴的锁片并旋紧螺栓,如图3-64b)所示,拧紧力矩为17N·m。

小提示

安装倒挡轴的锁片螺栓时,应注意是否安装到位,否则容易导致拧紧螺栓或螺牙损坏。

(6)安装倒挡换挡臂支架,如图3-65所示,螺栓拧紧力矩为18N·m。

(7)安装锁球和隔套,如图3-66所示。

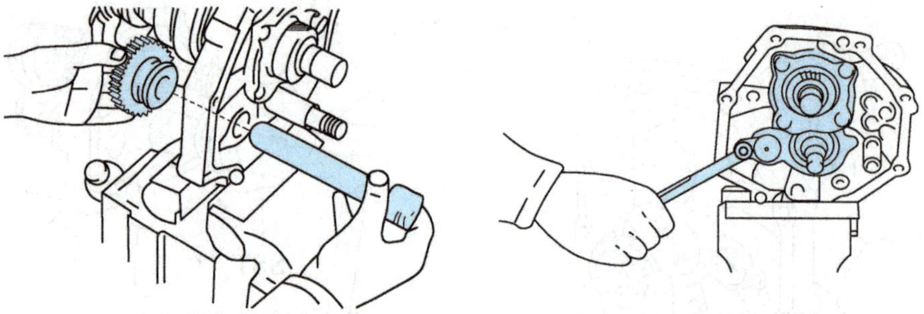

a)安装倒挡轴　　b)安装倒挡轴螺栓

图 3-64　安装倒挡轴及螺栓

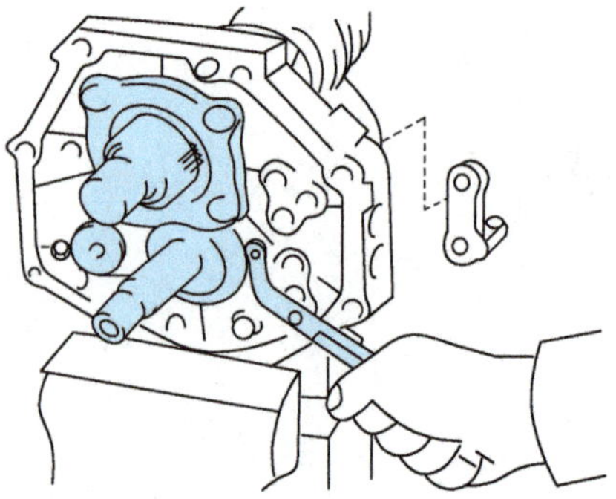

图 3-65　安装支架

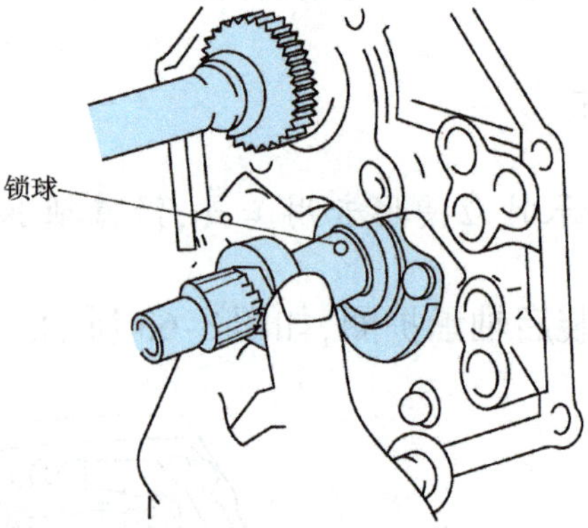

图 3-66　安装锁球

(8)安装带有 3 号啮合套部件和滚针轴承的中间轴 5 挡齿轮，如图 3-67 所示。

(9)安装同步环和 5 挡齿轮花键片。

①将同步环装到 5 挡齿轮花键片上，如图 3-68 所示。

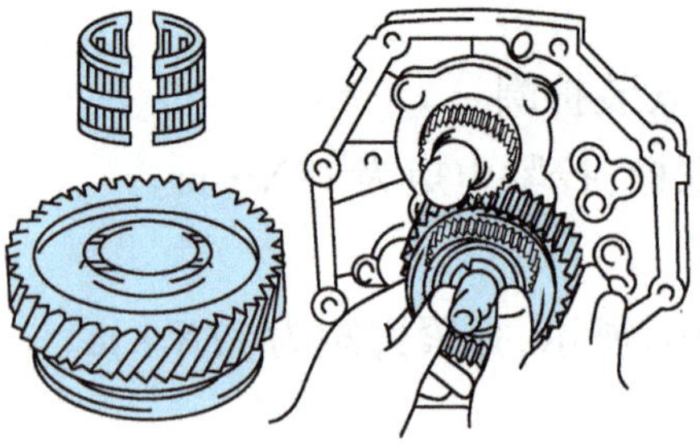

图 3-67　安装 5 挡齿轮

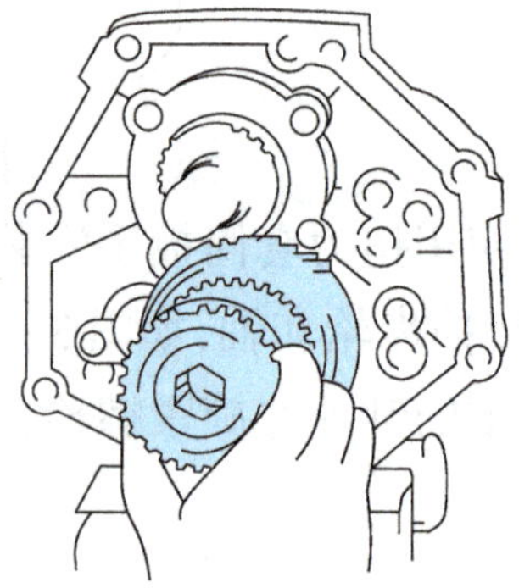

图 3-68　安装花键片

②如图 3-69a)所示固定住变速器。

③使用压床和 22mm 套筒扳手安装 5 挡齿轮花键片，使同步环槽对齐变速键。

④安装 5 挡齿轮花键片卡簧，如图 3-69b)所示。

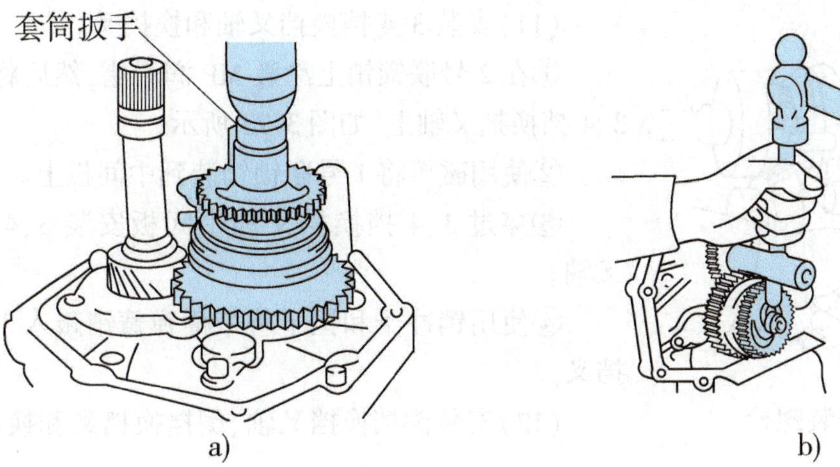

图 3-69 安装卡簧

小提示

安装 5 挡齿轮花键片，应使同步环槽对齐变速键。

(10)安装 1、2 挡换挡叉轴和换挡叉。

①将 1 挡和 2 挡的换挡头装到 1 挡换挡叉轴上。

②使用冲子和锤子敲入带槽弹簧销，如图 3-70 所示。

③安装 1 挡和 2 挡换挡叉和 3、4 挡换挡叉。

④穿过 1 挡和 2 挡换挡叉以及中间板安装 1 挡换挡叉轴，如图 3-71 所示。

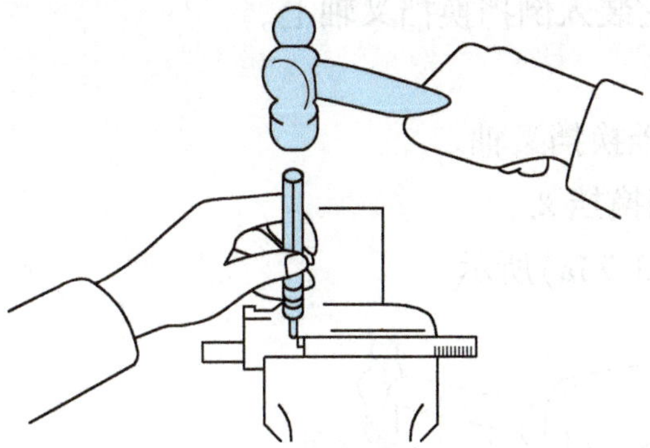

图 3-70 安装弹簧销

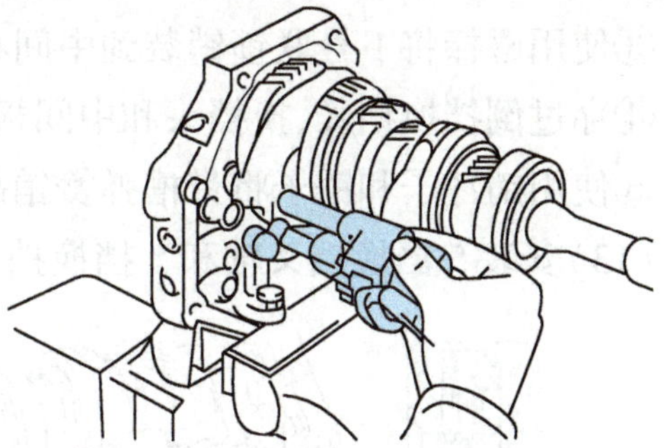

图 3-71 安装换挡叉与轴

小提示

安装换挡叉轴时应注意其安装位置和方向。

⑤安装 1 挡换挡叉固定螺栓并拧紧，如图 3-72 所示，拧紧力矩为 20N · m。

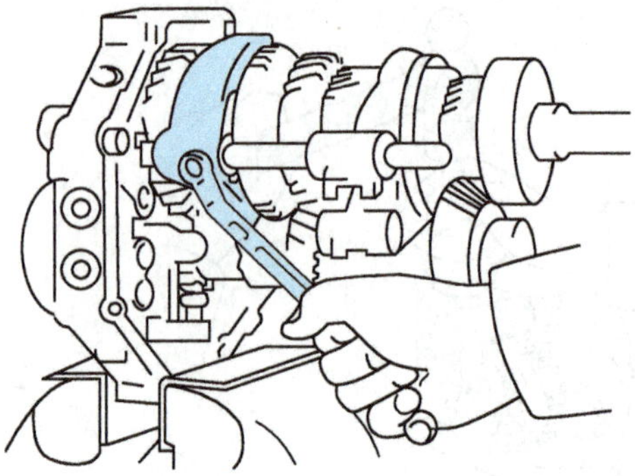

图 3-72　安装螺栓

(11)安装3、4挡换挡叉轴和换挡叉。

①在2号联锁销上涂敷MP润滑脂,然后将它装入3、4挡换挡叉轴上,如图3-73所示。

②使用磁棒将1号联锁销装到中间板上。

③穿过3、4挡换挡叉和中间板安装3、4挡换挡叉轴。

④使用销冲子和锤子将带槽弹簧销敲入3、4挡换挡叉。

(12)安装倒挡换挡叉轴、倒挡换挡叉和换挡头,如图3-74所示。

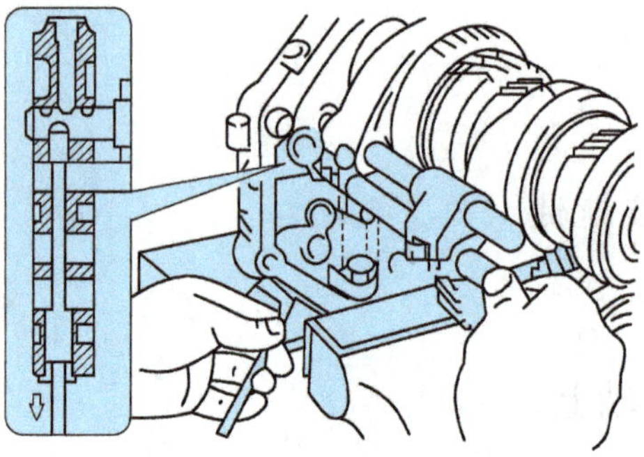

图 3-73　安装联锁销

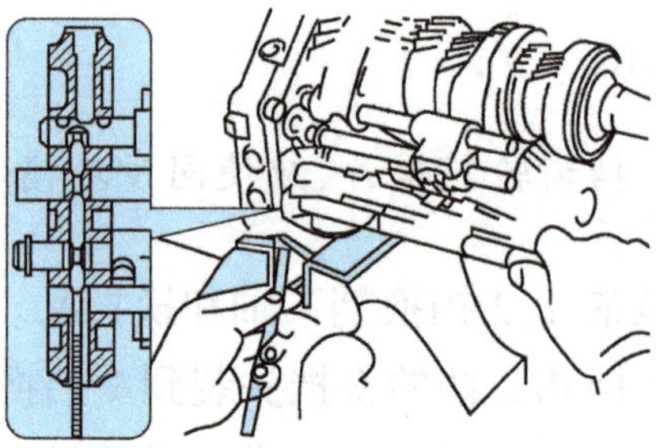

图 3-74　安装倒挡换挡叉轴

①将倒挡换挡拨叉装在倒挡臂托架上。

②在2号联锁销上涂敷MP润滑脂,然后将它装入倒挡换挡叉轴上。

③使用磁棒将1号联锁销装到中间板上。

④穿过倒挡换挡叉、换挡头和中间板安装倒挡换挡叉轴。

⑤使用销冲子和锤子将带槽弹簧销敲入倒挡换挡叉。

(13)安装5挡换挡叉轴和5挡换挡叉,如图3-75a)所示。

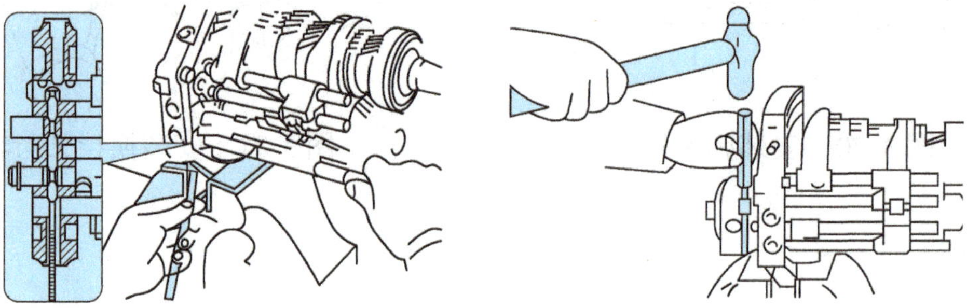

a)　　b)

图 3-75　安装弹簧销

①使用磁棒将钢球装到倒挡换挡头上。

②穿过倒挡换挡头安装5挡换挡叉轴。

③用磁棒将1号联锁球装到中间板上。

④使用尖头冲子和锤子将带槽弹簧销敲入5挡换挡叉,如图3-75b)所示。

(14)使用铜棒和锤子安装换挡叉轴的弹簧卡环(4个弹簧卡环),如图3-76所示。

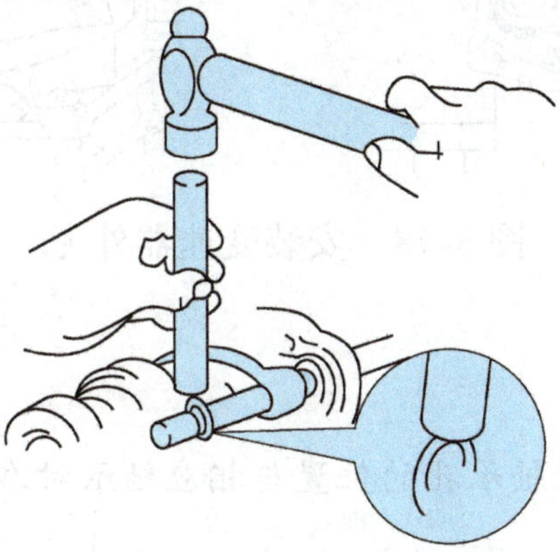

图3-76　安装弹簧卡环

(15)安装4个锁球和4个螺塞,如图3-77a)所示。

安装螺塞时应在螺塞的螺纹部分涂敷密封胶。使用扭力套筒扳手旋紧螺塞,如图3-77b)所示,拧紧力矩为19N·m。

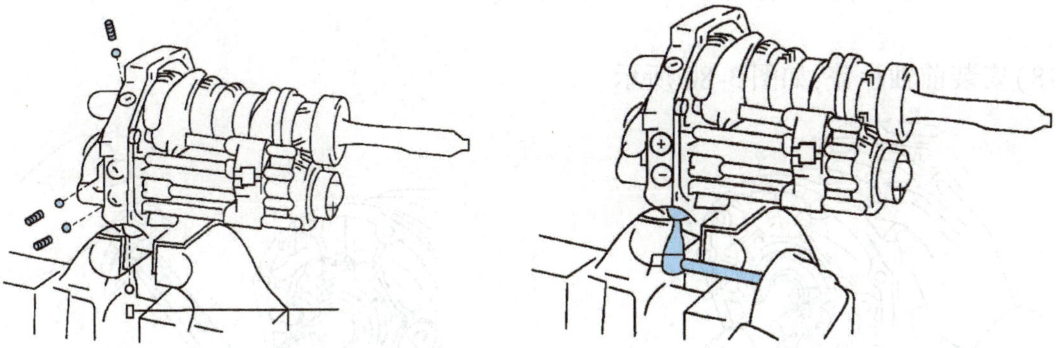

a)　　b)

图3-77　安装锁球和螺塞

小提示

安装锁球和弹簧时注意不要装错位置,否则可能会造成换挡困难。

(16)安装变速器外壳,如图3-78所示。

①在变速器外壳接合面涂上密封剂。

②将变速器外壳安装到中间板上。

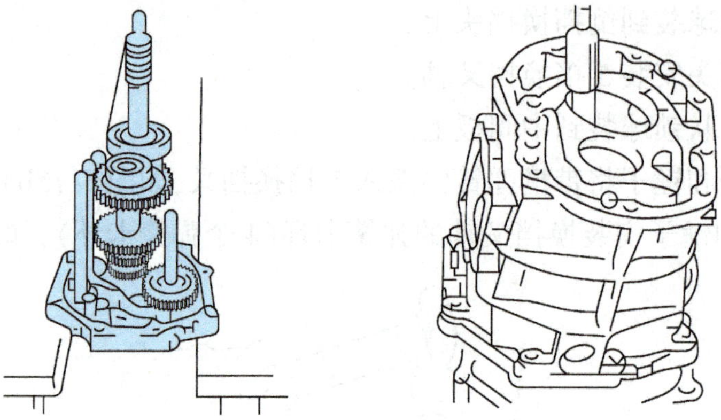

图 3-78　安装变速器外壳

小提示

安装变速器外壳时，应确保轴承孔的位置与相应轴承对准，否则容易损坏外壳。

(17)使用弹簧卡环钳子安装前轴承的 2 个卡簧，如图 3-79 所示。

小提示

轴承卡簧安装后，应检查是否已经安装到位。

(18)安装前轴承盖，如图 3-80 所示。

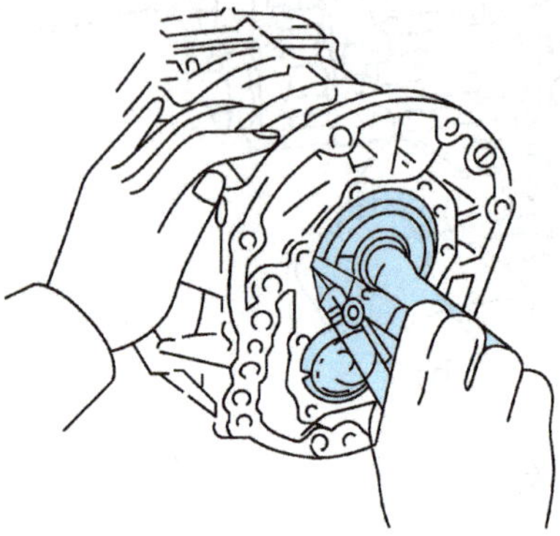

图 3-79　安装轴承卡簧

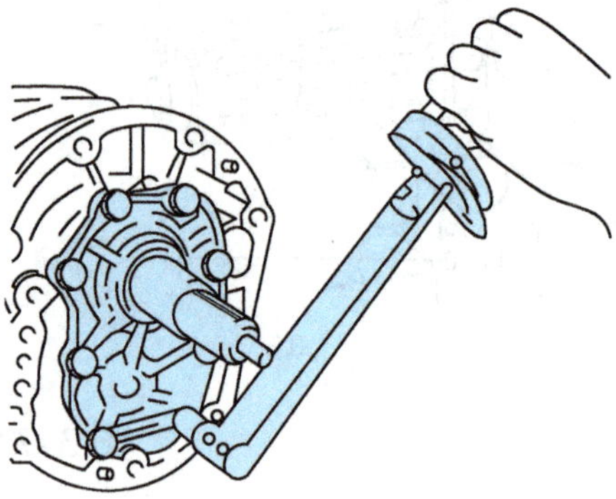

图 3-80　安装前轴承盖

小提示

安装前轴承护圈时应更换新的垫片，在螺栓的螺纹部涂敷密封胶，并按规定力矩拧紧螺栓，拧紧力矩为 17N · m。

(19)安装延伸壳,如图 3-81 所示,拧紧力矩为 37N·m。

(20)用新垫片安装换挡杆轴壳体部件,如图 3-82 所示,拧紧力矩为 17N·m。

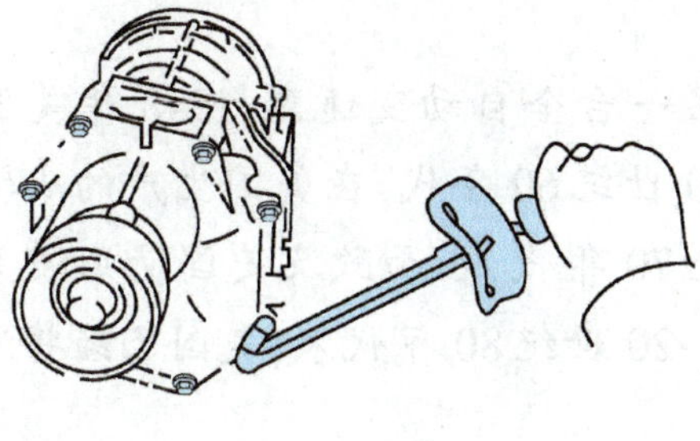

图 3-81 安装延伸壳

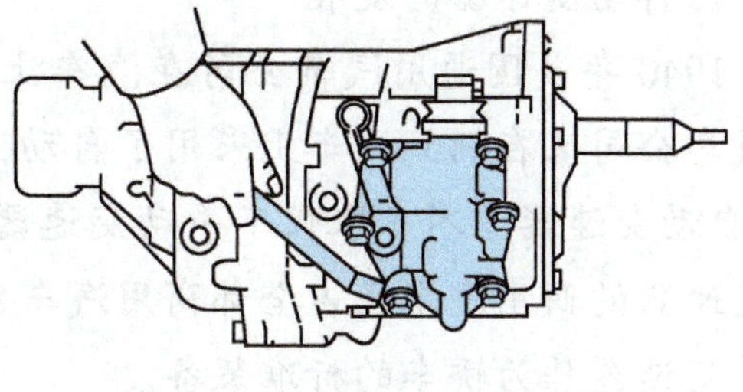

图 3-82 安装换挡杆轴壳体

小提示

安装延伸壳螺栓时,应分多次均匀拧紧各螺栓,并按规定力矩拧紧。

(21)安装离合器壳体,如图 3-83 所示。

安装时应在连接螺栓螺纹上涂敷密封胶,并按规定力矩拧紧螺栓,拧紧力矩为 37N·m。

(22)安装倒车灯开关,拧紧力矩为 37N·m。

(23)安装车速表从动齿轮。

(24)将防尘罩、叉、轴套和离合器分离轴承装到变速器上。

(25)将变速器总成安装到车上。

(26)安装传动轴,如图 3-84 所示,螺栓拧紧力矩为 74N·m。

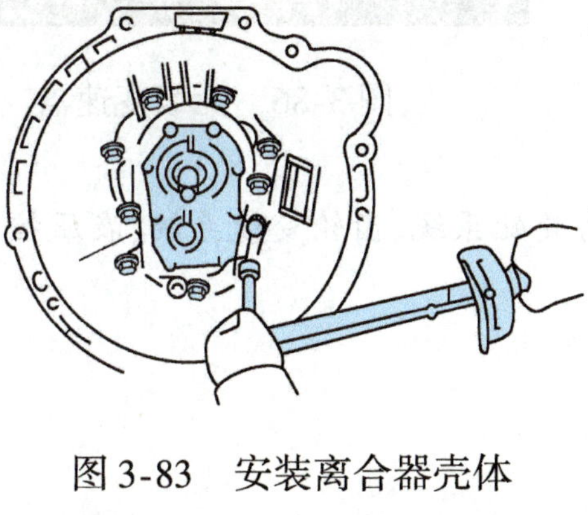

图 3-83 安装离合器壳体

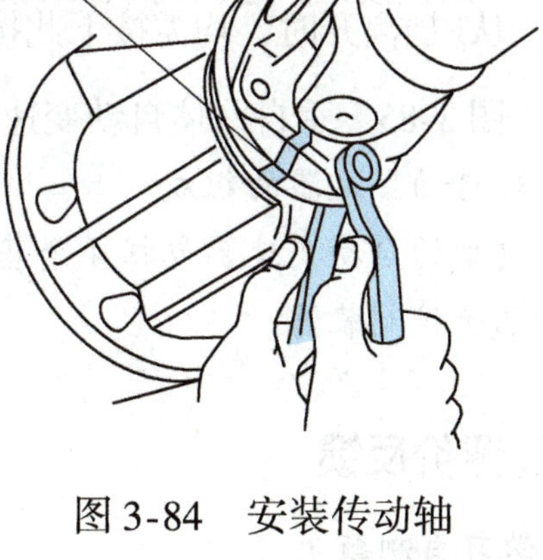

图 3-84 安装传动轴

学习思考

传动轴安装时为什么要按原拆卸标记安装?

学习拓展

自动变速器

1. 自动变速器的发展

1940 年美国通用汽车公司在汽车上安装了第一台全自动变速器;1948 年美国通用汽车公司又在别克汽车上采用了自动变速器;20 世纪 60 年代,在美国生产的小轿车上,自动变速器差不多取代了手动变速器;20 世纪 70 年代,在西欧及美国使用液力自动变速器的商用汽车已占全部商用汽车 80% 以上;20 世纪 80 年代末,美国已经将液力自动变速器作为轿车的标准装备。

2. 自动变速器的类型

世界各汽车制造厂家生产的自动变速器形式繁多,在结构上也各有特点,到目前为止,主要经历了这样的几个阶段:

(1)AT(全液压控制自动变速器)。

(2)EAT(电脑控制自动变速器)。

(3)MAT(手动、自动混合控制自动变速器),如图 3-85 所示。

(4)CVT(无级变速器),如图 3-86 所示。

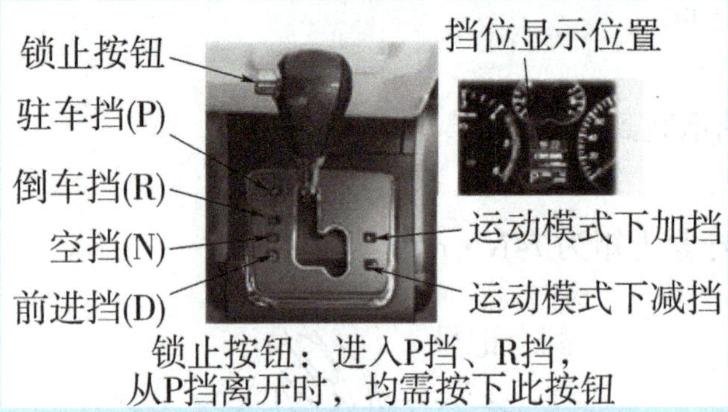

图 3-85　手自一体自动变速器

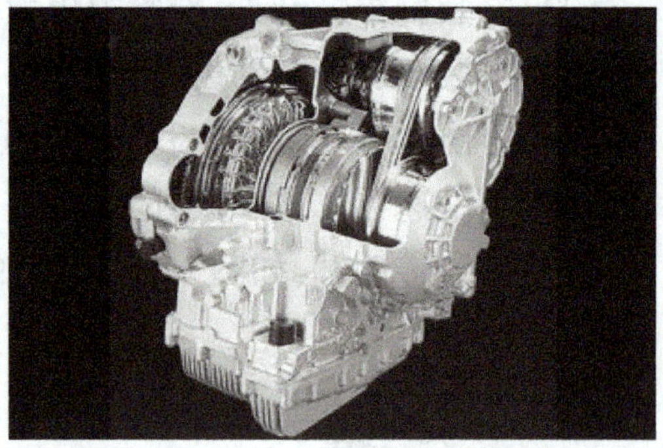

图 3-86　无级变速器

3. 自动变速器的组成

典型的自动变速器包括 4 个基本系统:液力变矩系统、齿轮变速系统、液压控制装置和电子控制装置。

三、评价反馈

1. 学习自测题

1)填空题

(1)变速器安装在________与传动轴之间。

(2)手动变速按齿轮传动方式分类常见的是二轴式和________变速器。

(3)变速器通过换挡,能改变输出的________和________。

(4)在变速器的工作原理中,当以大齿轮带动小齿轮,则输出________升高、________下降。

(5)在变速器的工作原理中,当以小齿轮带动大齿轮,则输出转速________,转矩________。

2)选择题

(1)下列四个字母中表示倒挡挡位的是(　　)。

A. R　　B. N　　C. D　　D. P

(2)变速器为防止自动脱挡,并保证齿轮以全齿长啮合,应在操纵机构中设置(　　)。

A. 分动器装置　　B. 倒挡装置

C. 自锁装置　　D. 互锁装置

(3)齿轮式变速器中,每对齿轮的传动比为(　　)。

A. 从动齿轮与主动齿轮的转速比

B. 主动齿轮与从动齿轮的转速比

C. 主动齿轮数与从动齿轮数之比

D. 主动齿轮转速与齿数乘积与从动齿轮转速与齿数乘积之比

(4)变速器为防止同时挂入两个挡位必须在操纵机构内装设(　　)。

A. 互锁装置　　B. 倒挡装置

C. 自锁装置　　D. 分动器装置

(5)下列关于变速器功用的叙述,错误的是(　　)。

A. 能改变发动机输出转速和转矩以改变汽车的车速和牵引力

B. 在发动机工作时切断发动机与传动系统的动力连接

C. 在汽车需要倒车时改变传动系统的传动方向

D. 在汽车需要倒车时通过驾驶人打转向盘实现

2. 学习目标达成度的自我检查(表3-2)

自我检查表　　表3-2

序号	学习目标	达成情况(在相应的选项后打“√”)		
		能	不能	如果不能,是什么原因
1	叙述变速器的作用、组成和工作原理			
2	识别手动变速器总成的主要零部件			

续上表

序号	学 习 目 标	达成情况(在相应的选项后打“√”)		
		能	不能	如果不能,是什么原因
3	懂得制订手动变速器总成的拆装工作计划			
4	规范拆装手动变速器总成			
5	懂得不同类型手动变速器的结构特点			
6	对变速器的安装质量进行自检			

3. 日常表现性评价(由小组长或组内成员评价)

(1)工作页填写情况。(　　)

A. 填写完整　　B. 缺失0~20%

C. 缺失20%~40%　　D. 缺失40%以上

(2)工作着装是否规范?(　　)

A. 穿着校服(工作服),佩戴胸卡　　B. 校服或胸卡缺失一项

C. 偶尔会既不穿校服又不戴胸卡　　D. 始终未穿校服、佩戴胸卡

(3)能否主动参与工作现场的清洁和整理工作?(　　)

A. 积极主动参与5S工作

B. 在组长的要求下能参与5S工作

C. 在组长的要求下能参与5S工作,但效果差

D. 不愿意参与5S工作

(4)升降汽车时,有无进行安全检查并警示其他同学?(　　)

A. 有安全检查和警示　　B. 有安全检查,无警示

C. 无安全检查,有警示　　D. 无安全检查,无警示

(5)是否达到全勤?(　　)

A. 全勤　　B. 缺勤0~20%(有请假)

C. 缺勤0~20%(旷课)　　D. 缺勤20%以上

(6)总体印象评价。(　　)

A. 非常优秀　　B. 比较优秀

C. 有待改进　　D. 急需改进

(7)其他建议：

小组长签名：________________　________年______月______日

4.教师总体评价

(1)对该同学所在小组整体印象评价。(　　)

A.组长负责,组内学习气氛好

B.组长能组织组员按要求完成学习任务,个别组员不能达成学习目标

C.组内有30%以上的学员不能达成学习目标

D.组内大部分学员不能达成学习目标

(2)对该同学整体印象评价：____。

教师签名：________________　________年______月______日

学习任务4　驱动桥的分解与装配

学习目标

完成本学习任务后，你应当能：

1. 叙述驱动桥的组成、作用和工作原理；
2. 叙述差速器的工作过程，在结构上区分前轮驱动和后轮驱动；
3. 识别驱动桥的主要零部件并叙述其主要作用；
4. 学会制订驱动桥拆装的工作计划；
5. 拆装驱动桥；
6. 对驱动桥安装质量进行自检。

建议完成本学习任务为12学时

课时分配：学习准备2学时；计划与实施8学时；学习拓展1.5学时；评价反馈0.5学时。

内容结构

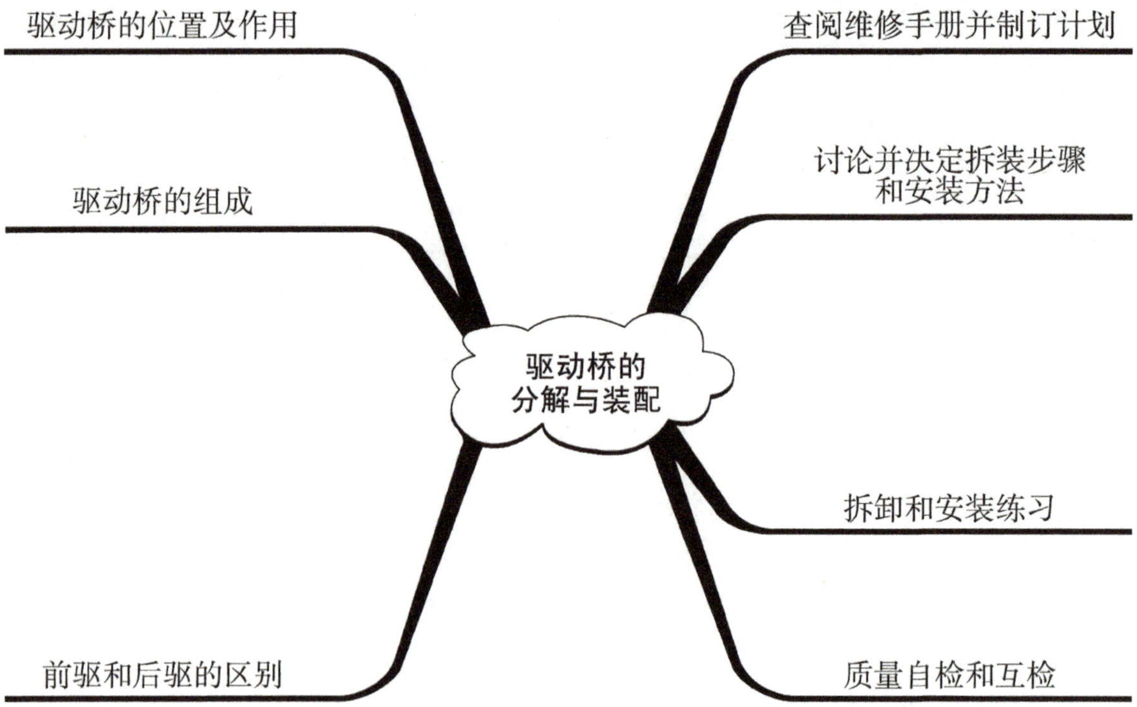

学习任务描述

客户反映驱动桥漏油，并且在行车过程中有异响，经维修技师诊断确定驱动桥需要解体进行检修。请你按照技术规范，正确地进行驱动桥的分解与装配，安装后能使其正常工作。

驱动桥是汽车传动系统的组成部分，驱动桥不仅能改变动力传递方向，而且还有减速增扭作用。驱动桥工作状况的好坏对汽车的使用性能是至关重要的。通过对驱动桥的学习，懂得其组成、作用及安装位置，为完成驱动桥的分解与装配工作，请你明确分解与装配驱动桥的操作规程和安装后的基本检查方法。

一、学习准备

1. 驱动桥的安装位置在哪里？它是由什么组成的？有什么作用？

1）驱动桥的安装位置（图4-1）

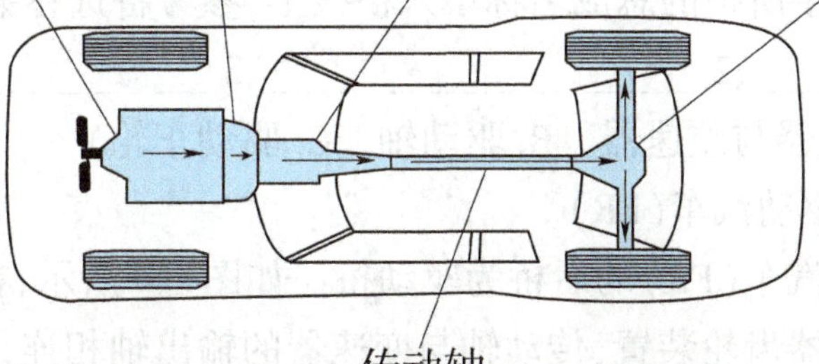

图4-1　驱动桥的安装位置（后驱）

2）驱动桥的组成

驱动桥由主减速器、差速器、半轴（或驱动轴）等组成，如图4-2所示。

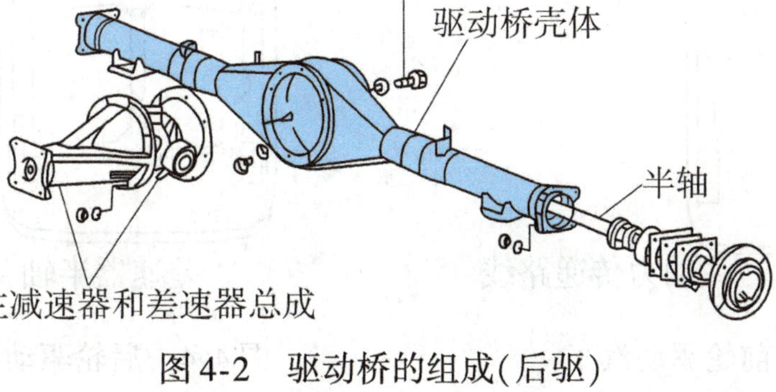

图4-2　驱动桥的组成（后驱）

3）驱动桥的作用

驱动桥的作用是将来自发动机的动力通过主减速器、差速器等传递到左半轴、右半轴，最终传递到驱动车轮上。

2. 驱动桥有哪些类型？前轮驱动和后轮驱动在结构上有什么区别？

1）驱动桥的类型

根据汽车发动机的位置和驱动方式，驱动桥可分为发动机前置前轮驱动汽车的驱动桥、发动机前置后轮驱动汽车的驱动桥、四轮驱动汽车的驱动桥、发动机后置后轮驱动汽车的驱动桥、发动机中置后轮驱动汽车的驱动桥等类型。

2）前轮驱动和后轮驱动在结构上的区别

（1）发动机前置前轮驱动汽车（FF）。

发动机前置前轮驱动汽车的前桥为驱动桥。如图4-3所示，在前轮驱动汽车上，变速器齿轮装置、差速器和驱动桥组件一同装配于变速器壳体中，称为变速驱动桥。壳体位于汽车的前部，与发动机后部相连。

将图4-3上的图注数字所指的总成名称填入横线上，参考备选答案：

1 ____________________、2 ____________________、3 ____________________。

（备选答案：A. 主减速器与差速器　B. 驱动轴　C. 驱动车轮）

（2）发动机前置后轮驱动汽车（FR）。

发动机前置后轮驱动汽车（FR）的后桥为驱动桥。如图4-4所示，在后轮驱动汽车上，变速器壳体内只装备了变速器齿轮装置，传动轴与变速器的输出轴相连，差速器和驱动桥部件装配于驱动桥壳体内，位于汽车后部，差速器将动力传递到驱动后轮上。

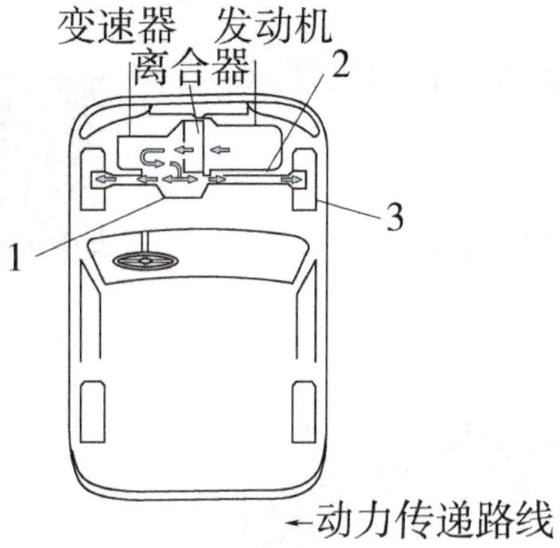

图4-3　前轮驱动汽车

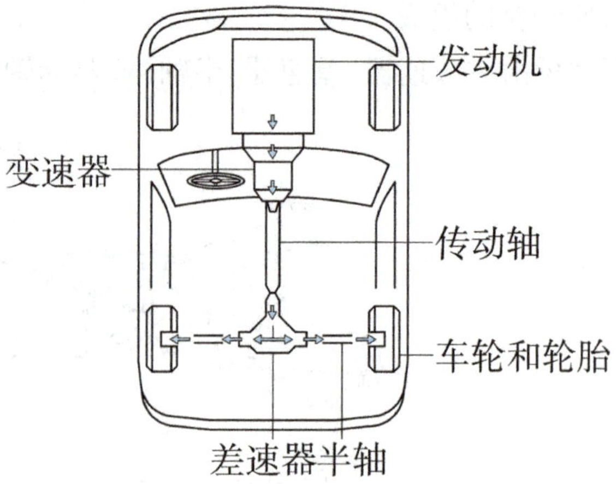

图4-4　后轮驱动汽车

二、计划与实施

3. 请叙述拆卸驱动桥应注意哪些事项。

1)了解以下信息

(1)使用的工具:____________________、____________________等。

(2)学习的车型:____________________________。

(3)发动机位置及驱动方式:____________________________。

2)拆卸注意事项

(1)注意每个零件的安装位置和方向。

(2)拆卸下来的零件要合理地进行摆放。

(3)工具的使用要合理规范。

(4)注意拆装的安全操作。

4. 查阅维修手册,小组讨论拆卸驱动桥的基本步骤和方法。

1)主要的拆卸步骤

分小组通过实车观察,查阅维修手册或工作页,讨论主要拆卸步骤,并将表4-1中拆卸驱动桥的步骤正确排序。

拆卸驱动桥的主要步骤　　表4-1

序　号	拆卸步骤	序　号	拆卸步骤
	整体拆卸主减速器和差速器总成		拆下放油螺塞,将桥壳内的差速器油排泄干净
	拆卸左右驱动轮和半轴总成		
	拆卸传动轴总成		分解主减速器和差速器总成

2)具体拆卸步骤和要求

(1)拆下放油螺塞,将桥壳内的差速器油排放干净,如图4-5所示。

图 4-5　排放差速器油

小提示

排放差速器油时，注意油的温度，避免油温过高烫伤手。

学习思考

①后桥差速器油有什么作用？

②如何处理排出的旧差速器油？

(2)把传动轴从后桥上拆下，如图 4-6 所示。

学习思考

拆卸传动轴时，为什么要做好配合记号？

(3)从制动轮缸（分泵）脱开制动油管，如图 4-7 所示。

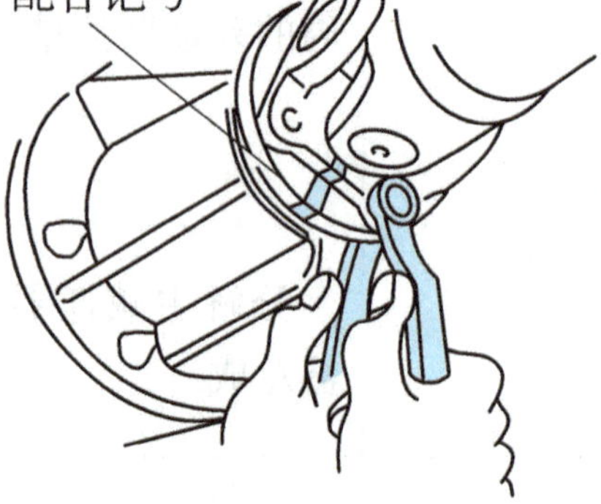

图 4-6　拆传动轴

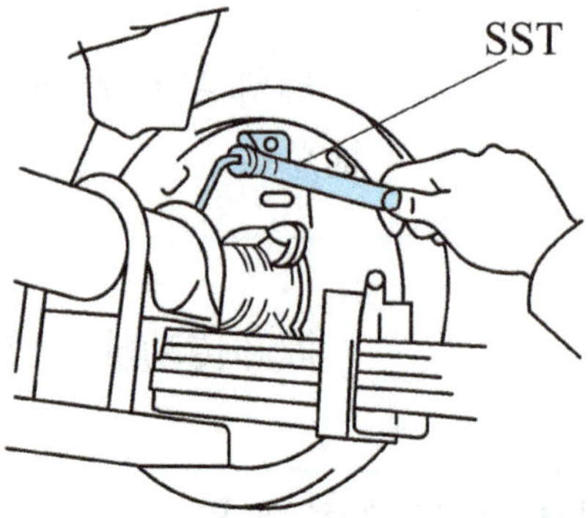

图 4-7　拆卸制动轮缸油管

小提示

拆卸油管时应使用专用的油管拆卸扳手。

学习思考

如何处理泄漏的制动液？

(4)拆下后轮、制动鼓、制动蹄和驻车制动器拉索，如图4-8所示。

(5)拆下后桥半轴总成，如图4-9所示。

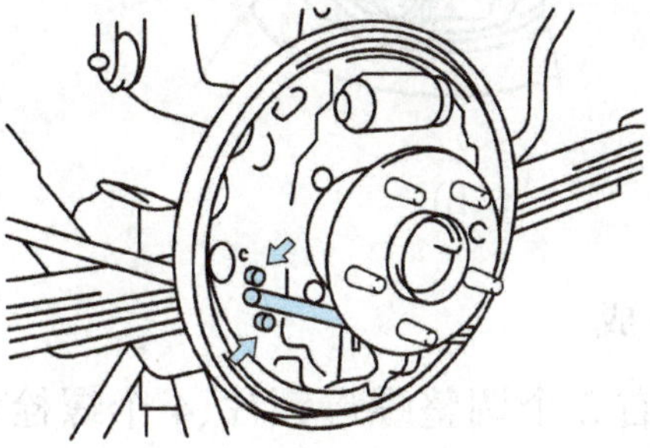

图4-8　从后盖板上拆下2个螺栓和驻车制动器拉索

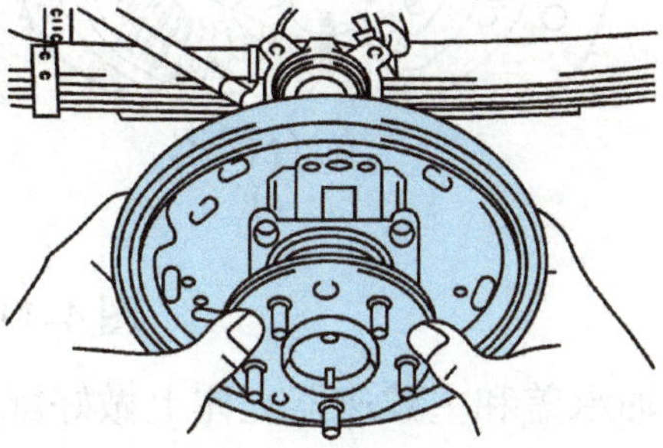

图4-9　拧下4颗螺母，拆卸带后底板的半轴总成

小提示

半轴的作用是将差速器传来的动力传递给左右两侧的驱动车轮。因其传递的转矩较大，常制成实心轴。

(6)拆下主减速器总成，如图4-10所示。

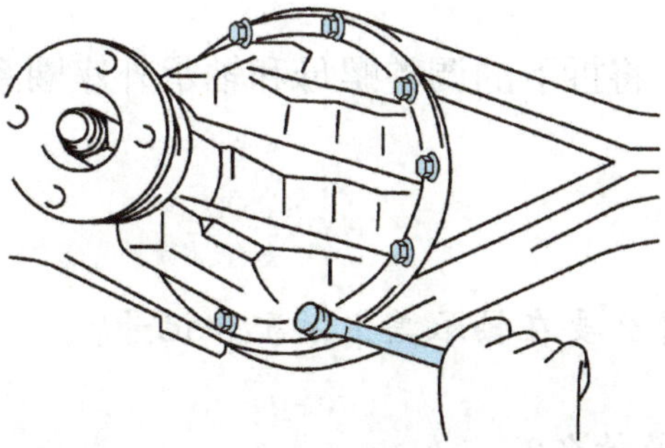

图4-10　拆下主减速器总成

学习思考

如何正确地拆下主减速器总成？

(7)拆下差速器总成，如图 4-11 所示。

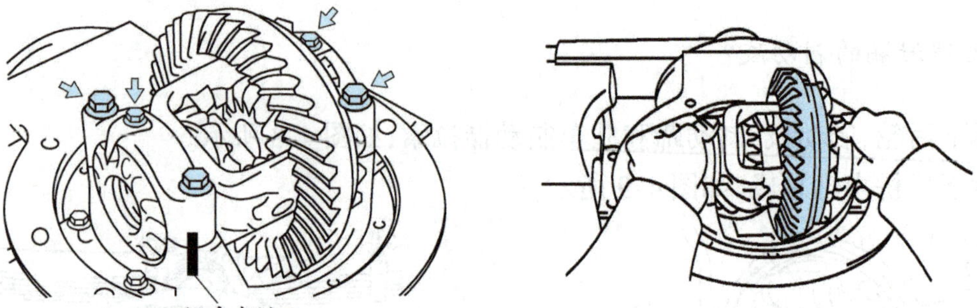

a)

b)

图 4-11　拆下差速器总成

在轴承盖和主减速器壳体上做好配合标记，拆下左右 2 个调整螺母锁片、4 个螺栓和 2 个轴承盖、2 个调整螺母，从主减速器壳上拆下带有轴承外座圈的差速器总成。

将两侧调整螺母和轴承外座圈系上标签，如图 4-12 所示。

a)LH——左手侧　　a)RH——右手侧，靠近齿圈

图 4-12　将拆下的调整螺母和轴承外座圈系上标签

学习思考

①如图 4-11a)所示，为什么要在轴承盖上做配合记号？

②调整螺母锁片的作用是什么？

③为什么要将左右两侧调整螺母和轴承座外圈系上标签？

(8)拆下接合凸缘,如图 4-13 所示。

使用锤子和錾子錾松螺母变形的锁住部分,使其复原后再拧下螺母,如图 4-13a)所示。使用 SST 固定住凸缘,拆下螺母,如图 4-13b)所示。使用 SST 拆下接合凸缘,如图 4-13c)所示。

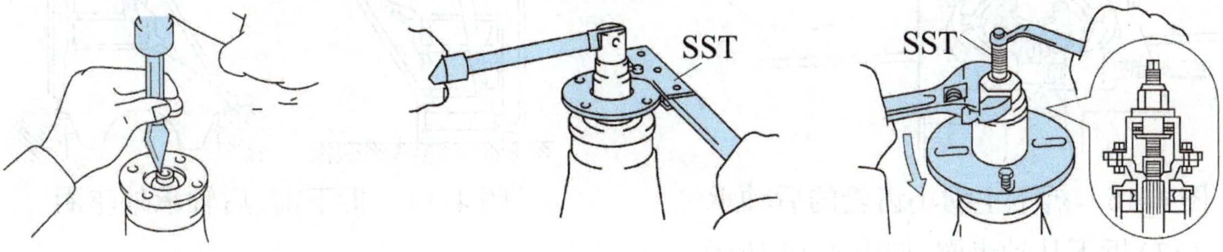

a)　　b)　　c)

图 4-13　取下接合凸缘螺母,拆下接合凸缘

学习思考

①接合凸缘的螺母能够重复使用吗？为什么？

②在没有专用工具的情况下,如何拆下接合凸缘？

(9)拆下前油封(图 4-14)和甩油环。使用 SST 从壳体拆下油封。

(10)拆下前轴承(图 4-15)和轴承隔套。

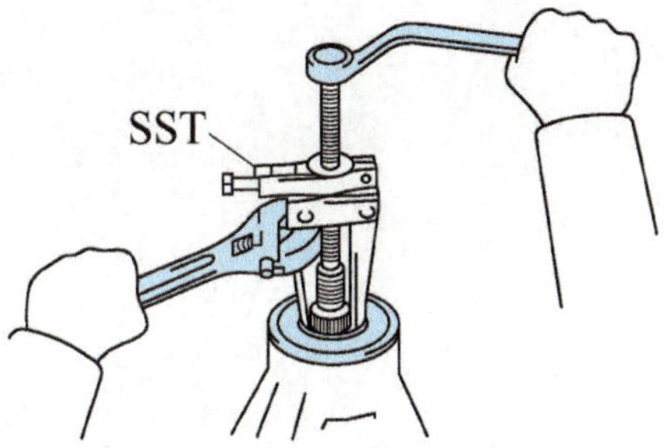

图 4-14　拆下前油封

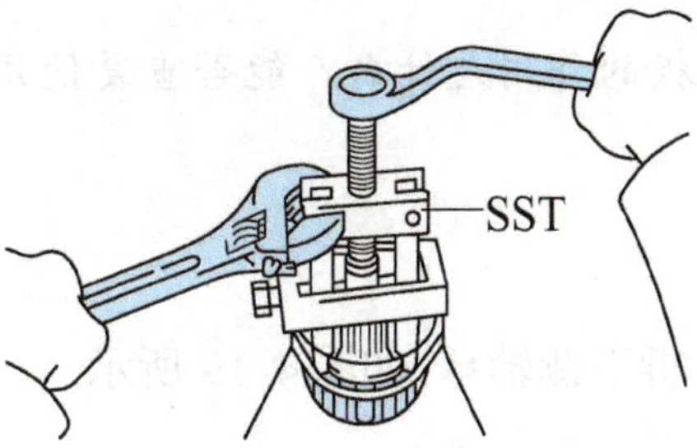

图 4-15　拆下前轴承

小提示

用轴承拉器拉出轴承时,为避免轴承损坏,工具的拉爪应抓住轴承的内圈。

(11)拆下主动小齿轮的后轴承,如图 4-16 所示。

使用 SST 和压床从驱动小齿轮轴上拆下轴承。

(12)拆下前、后轴承外座圈,如图 4-17 所示。

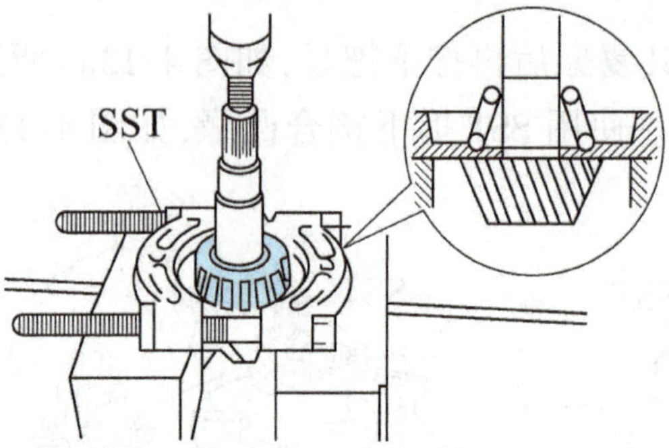

图 4-16　拆下主动小齿轮的后轴承

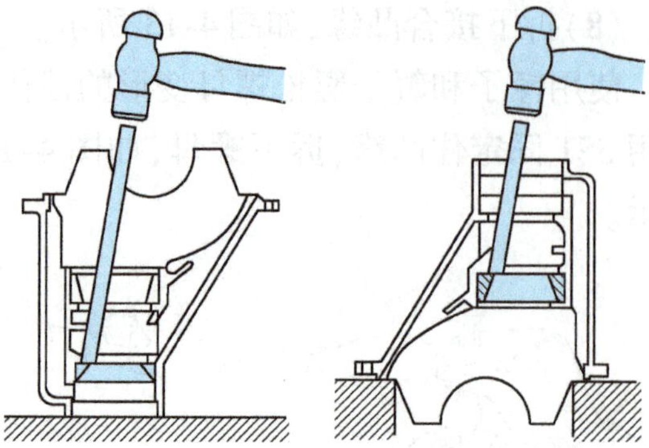

图 4-17　拆下前、后轴承外座圈

(13)拆下从动齿圈,如图 4-18 所示。

拆下从动齿圈固定螺栓和锁板。

学习思考

①主减速器的作用是什么?

②为什么要在从动齿圈和差速器壳上做配合记号?

③锁板的作用是什么?能否重复使用?

(14)拆下侧轴承,如图 4-19 所示。

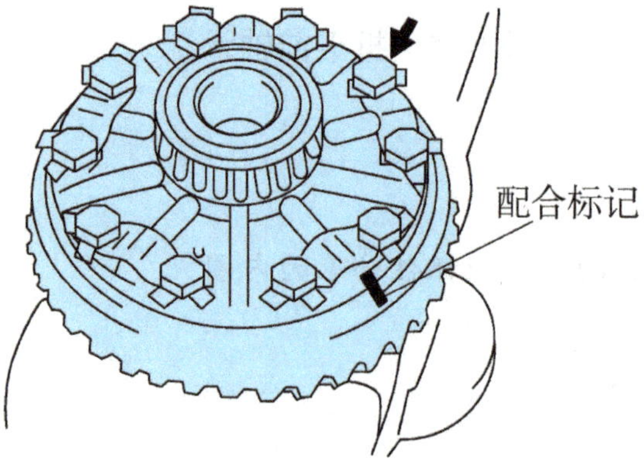

图 4-18　在从动齿圈上做配合记号

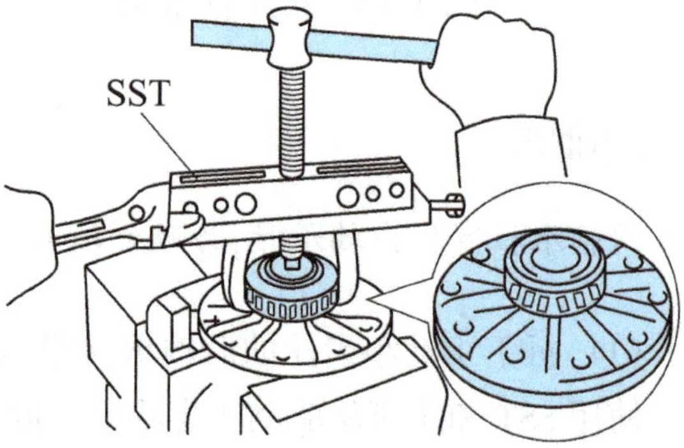

图 4-19　拆下侧轴承

使用SST从差速器壳上拆下侧轴承。

(15)分解差速器壳,如图4-20所示。

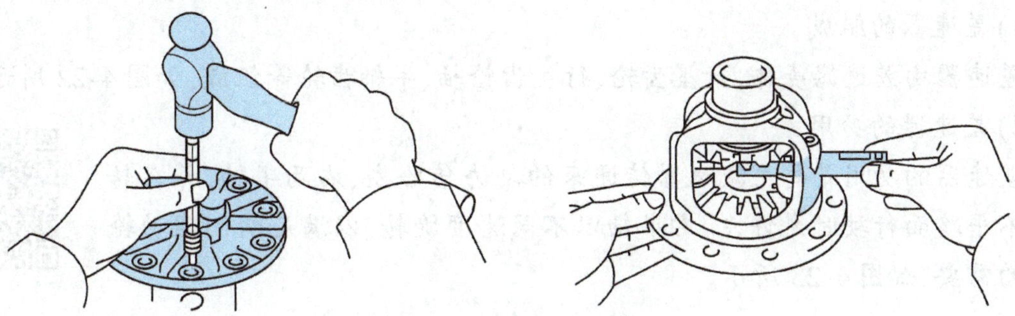

图4-20　分解差速器壳

使用锤子和冲子敲出直销,拆下行星齿轮轴、2个行星齿轮、2个半轴齿轮和4个止推垫圈。

学习拓展

1. 主减速器

1)主减速器的组成

如图4-21所示,单级主减速器由一对齿轮组成,称为主驱动齿轮和从动齿圈。

图4-21　主减速器的组成

2)主减速器的作用

主减速器有两个作用:一是改变动力传递的方向,二是作为变速器的延伸为各个挡位提供一个共同的传动比。

3)主减速器的工作原理

主驱动齿轮和从动齿圈具有特殊的形状,当齿数较小的主驱动齿轮驱动齿数较多的从动齿圈时,实现了减速增扭和改变动力传递方向的作用。

学习思考

主驱动齿轮齿数为11,从动齿圈齿数为41,计算主减速器的传动比。

2. 差速器

1）差速器的组成

差速器由差速器壳体、行星齿轮、行星齿轮轴、半轴齿轮等组成，如图4-22所示。

2）差速器的功用

差速器的功用是将主减速器传递来的动力传给左、右两半轴，并在转弯或不平路面行驶时允许左、右半轴以不同速度旋转，以满足两侧驱动轮差速的需要，如图4-23所示。

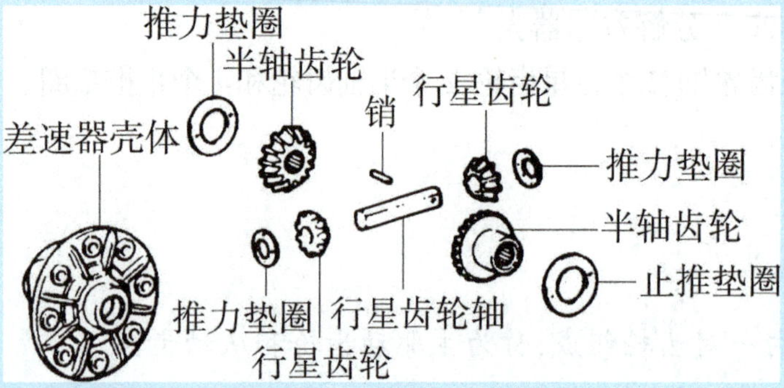

图4-22 差速器的组成

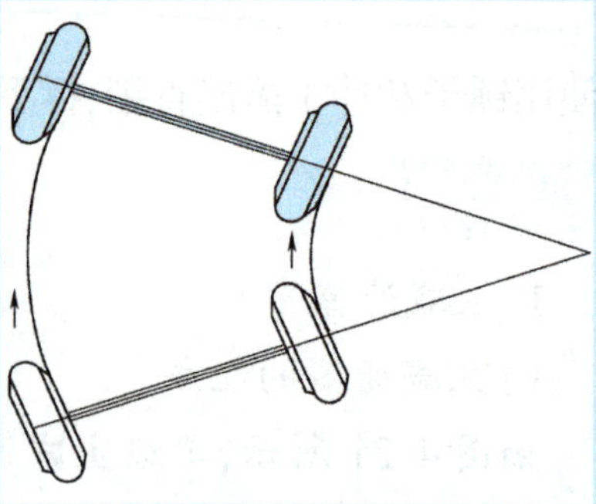

图4-23 差速器的功用

3）差速器的工作原理（图4-24）

当汽车转弯行驶时，两侧车轮所遇的阻力不同，内侧车轮比外侧车轮所遇阻力大，其结果使得行星齿轮绕自身轴线旋转（自转），左、右半轴齿轮角速度不相等，此时左、右车轮产生差速。

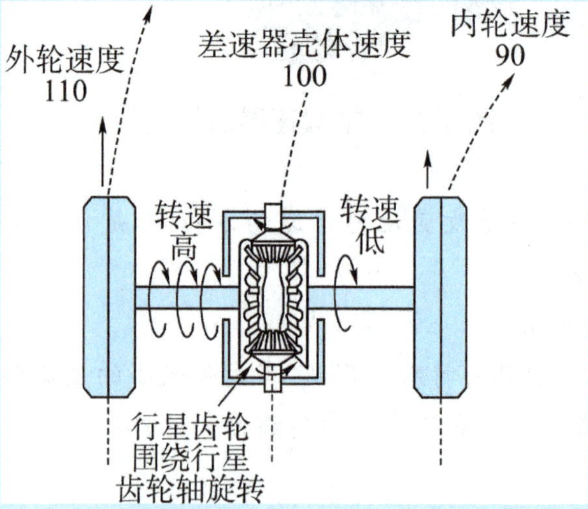

图4-24 转弯时差速器的运动

5. 请叙述装配主减速、差速器时有哪些需注意的事项。

装配时的注意事项：

(1)装配过程防止进入异物，如砂砾、灰尘。

(2)防止零件工作表面被擦伤，如不当的敲击等。

(3)在安装前请清洁零件。

(4)装配过程中添加润滑油。

(5)非重复使用的零件不能重复使用。

(6)工具的使用要合理规范。

6. 小组讨论主要装配计划。

1)主要的装配步骤

(1)装配主减速器和差速器总成。

(2)整体安装主减速器和差速器总成。

(3)安装左右半轴和驱动轮总成。

(4)安装传动轴总成。

(5)添加后桥差速器油。

2)具体装配步骤

(1)差速器总成的装配。

①将止推垫圈和半轴齿轮、行星齿轮和行星齿轮轴装入差速器壳，如图4-25a)所示。

②使行星齿轮轴与定位销孔对准，装入定位销，如图4-25b)所示。

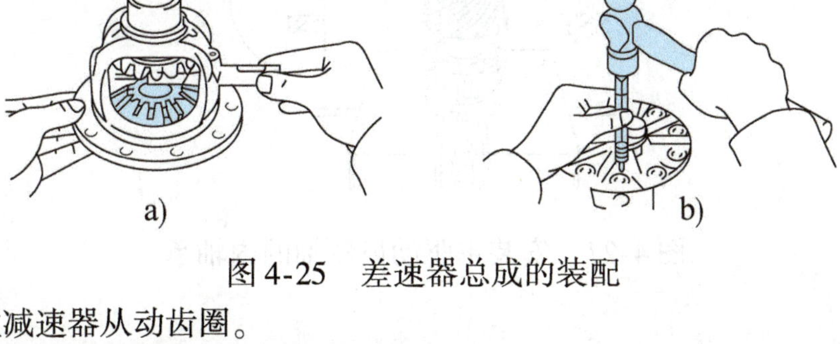

a) b)

图4-25 差速器总成的装配

(2)安装主减速器从动齿圈。

①将从动齿圈在沸水中加热，如图4-26a)所示。

②按配合记号将从动齿圈套入差速器壳，并对角均匀拧紧齿圈螺栓，拧紧力矩为47N·m，如图4-26b)所示。

③将齿圈螺栓的锁止片锁上，如图4-26c)所示。

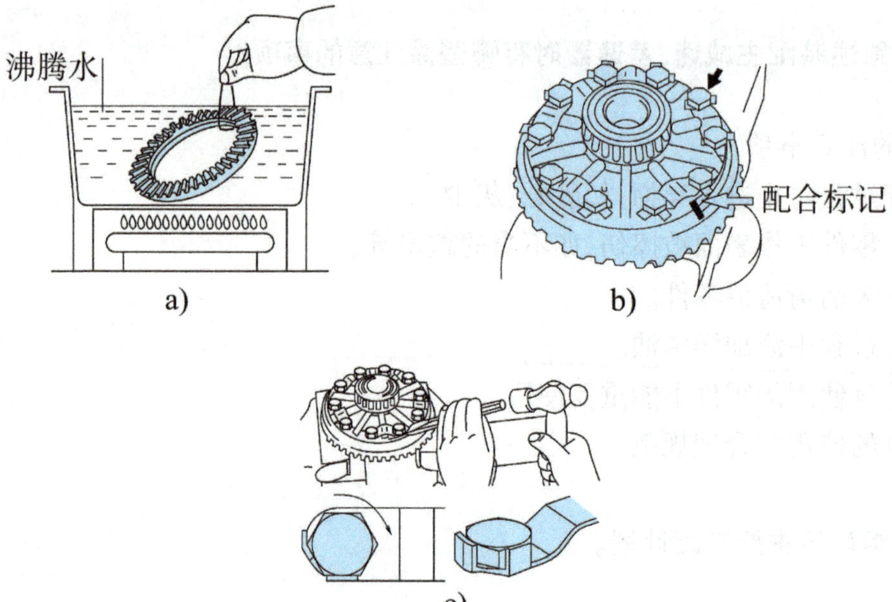

图4-26　安装主减速器从动齿圈

学习思考

安装从动齿圈前为什么要加热？

(3)安装主驱动齿轮轴的内轴承，如图4-27所示。

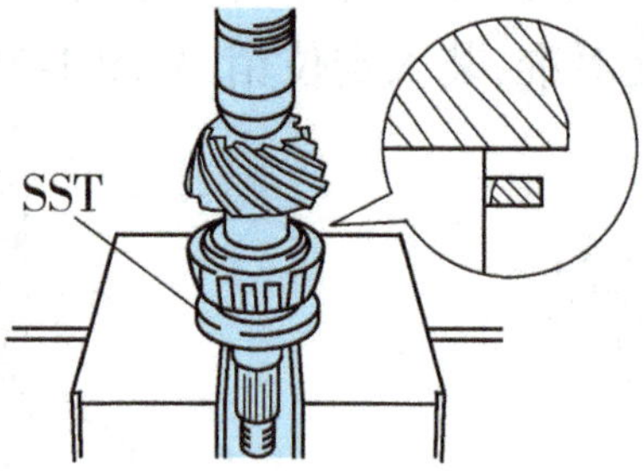

图4-27　安装主驱动齿轮轴的内轴承

小提示

在安装主驱动齿轮轴的内轴承时，应在压的过程中边压边转动轴承，以检查轴承是否压坏。

(4)将主驱动齿轮安装到主减速器壳上,安装主驱动齿轮轴的前轴承、隔套和甩油环,如图4-28所示。

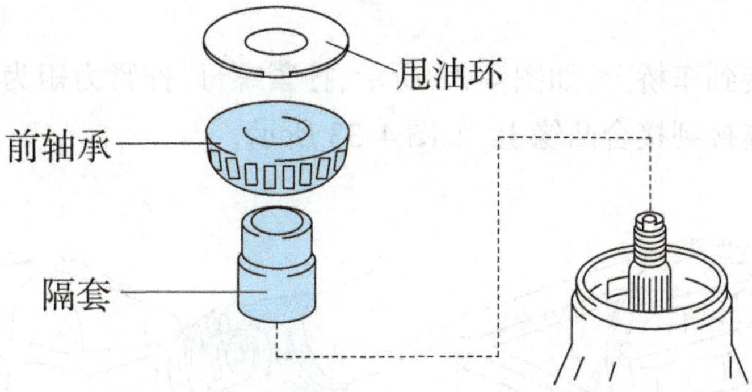

图4-28 安装前轴承、隔套和甩油环

(5)安装主减速器油封,如图4-29所示。

(6)安装接合凸缘,如图4-30所示。

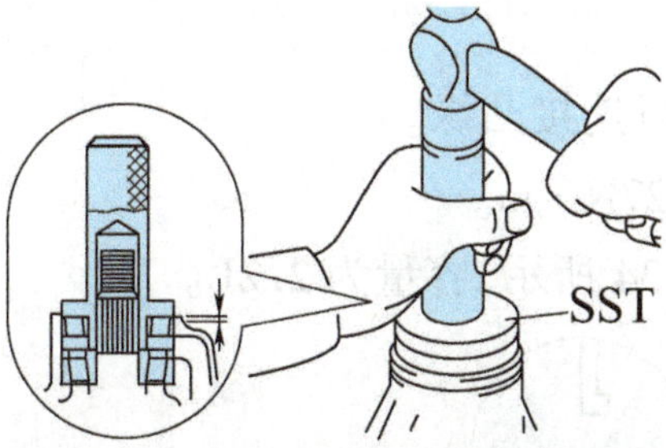

图4-29 安装主减速器油封

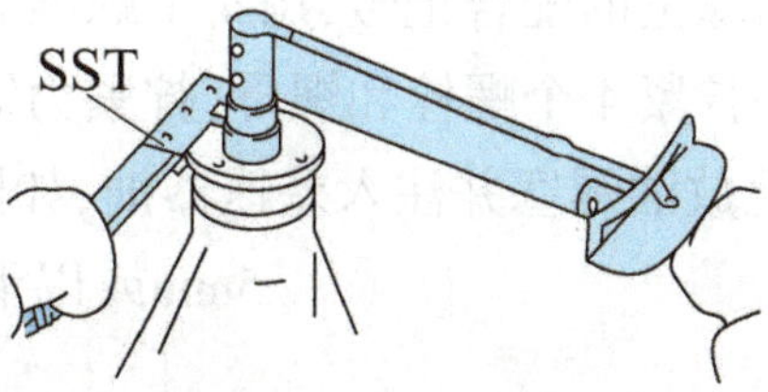

图4-30 安装接合凸缘

(7)将差速器总成装到主减速器壳上,如图4-31所示。

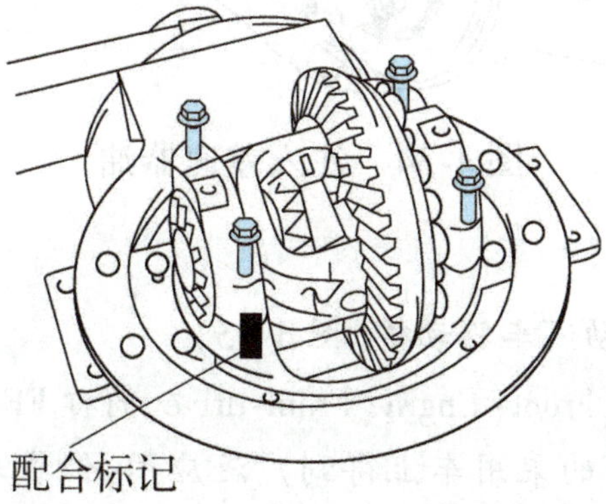

图4-31 安装差速器总成

小提示

将差速器总成装到主减速器壳上时,为保证其正常工作,其左右两侧的轴承盖、轴承座圈与调整螺母不要错乱安装。

(8)将差速器总成装到车桥上,如图4-32所示,拧紧螺母,拧紧力矩为27N·m。

(9)将传动轴凸缘连接到接合凸缘上,如图4-33所示。

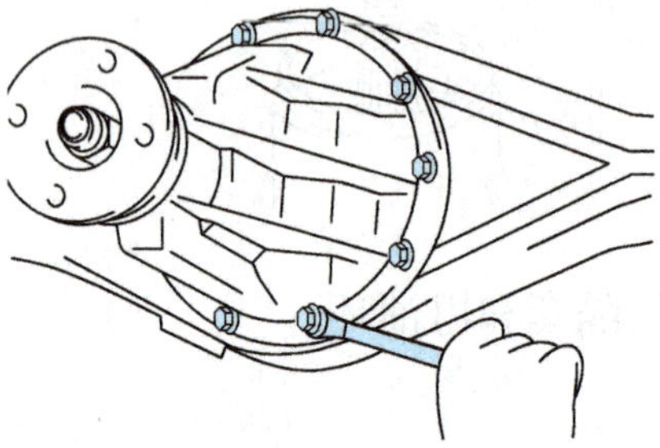

图4-32 将差速器总成装到车桥上

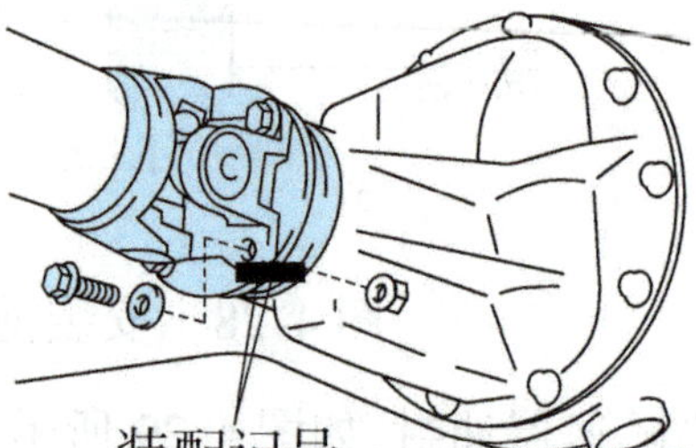

图4-33 安装传动轴

①对齐凸缘上的配合记号,用4个螺栓和螺母连接凸缘。

②用扳手拧紧4个螺栓和螺母,拧紧力矩为27N·m。

(10)装上放油螺塞并注入差速器油,如图4-34所示,容量为2.2L。

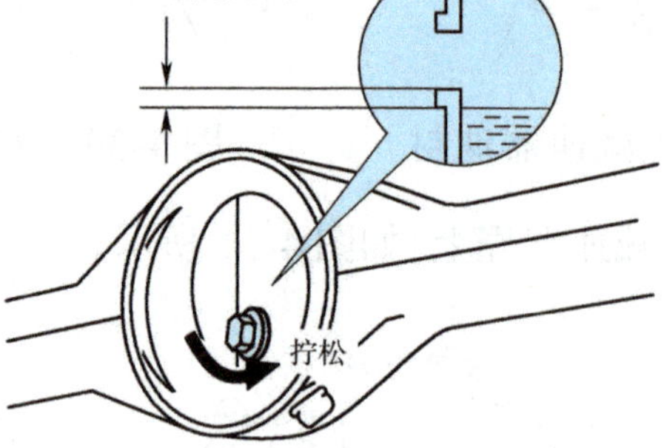

图4-34 注入差速器油

学习拓展

1. 发动机前置前轮驱动汽车驱动桥(图4-35)

发动机前置前轮驱动(Front- Engine Front-drive,简称FF),这种布置形式目前主要在发动机排量为2.5L以下的乘用车上得到广泛应用,但货车和大客车基本上不采用该形式。

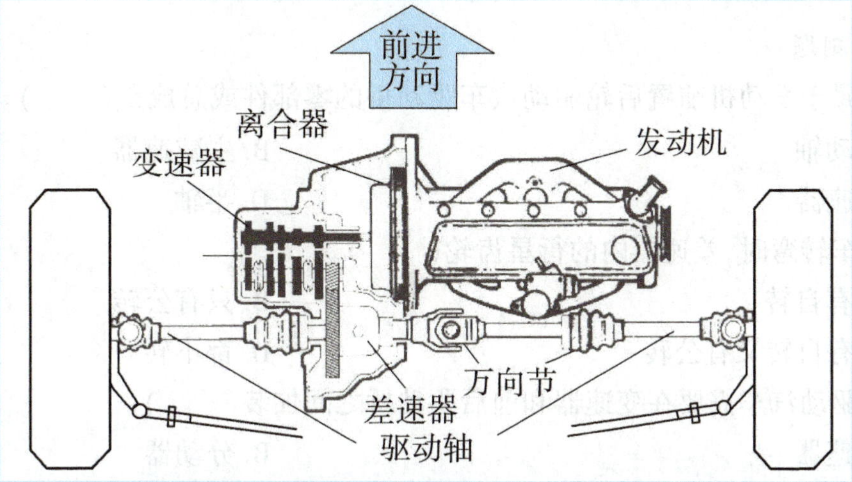

图4-35　发动机前置前轮驱动汽车驱动桥

将汽车发动机、离合器、变速器、主减速器、差速器装配在一起形成一个复杂而紧凑的整体，并固定在汽车前部的车架上，前轮为驱动轮。这样的传动布置方案与前置后驱相比，省去了变速器与后轮驱动桥之间的传动轴，降低了整车质量，也降低了车身底板的高度，提高了乘坐舒适性和高速行驶稳定性，而且操纵机构简单。

2. 发动机后置后轮驱动汽车驱动桥(图4-36)

发动机后置后轮驱动(Rear-Engine Rear-drive，简称RR)，这种布置形式是目前大、中型客车流行的布置形式，少数轿车也采用该形式，但货车很少采用该形式。

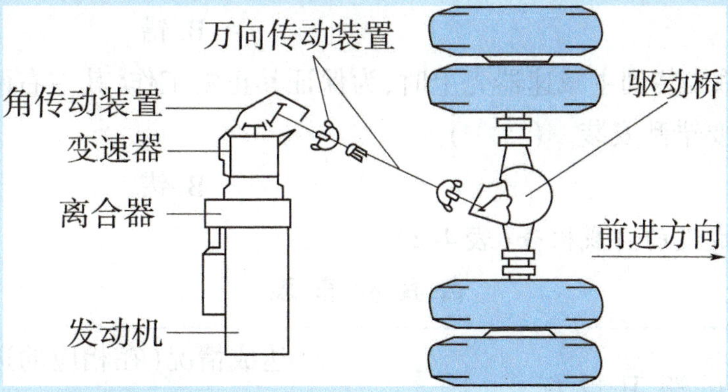

图4-36　发动机后置后轮驱动汽车驱动桥

与前置前驱相反，后置后驱方案是将发动机、离合器、变速器都横向布置于驱动桥(后桥)之后。这种布置使前后轴获得合理的载荷分配，车内噪声也会因此降低。但是，发动机冷却条件较差，发动机和离合器、变速器的操纵机构较为复杂。

三、评价反馈

1. 学习自测题

(1)下列属于发动机前置后轮驱动汽车驱动桥的零部件或总成是(　　)。

A. 传动轴　　B. 主减速器

C. 差速器　　D. 半轴

(2)当汽车转弯时,差速器内的行星齿轮(　　)。

A. 只有自转　　B. 只有公转

C. 既有自转又有公转　　D. 都不转

(3)四轮驱动汽车需要在变速器和前后驱动桥之间加装(　　)。

A. 差速器　　B. 分动器

C. 离合器　　D. 减速器

(4) 驱动桥主减速器是用来改变传动方向、降低转速和(　　)。

A. 产生离地间隙　　B. 产生减速比

C. 增大转矩　　D. 减小转矩

(5)以下关于发动机前置前轮驱动(FF)布置方式的说法,正确的是(　　)。

A. 货车和大客车基本不采用

B. 省去了传动轴,降低了车身底板的高度

C. 广泛用于2.5L以下乘用车上

D. 前桥既是转向桥又是驱动桥

(6)差速器中行星齿轮在行驶中有公转、自转和不转三种状态。(　　)

A. 对　　B. 错

(7)将差速器总成装到主减速器壳上时,为保证其正常工作,其左右两侧的轴承盖、轴承座圈与调整螺母不要错乱安装。(　　)

A. 对　　B. 错

2. 学习目标达成度的自我检查(表4-2)

自我检查表　　表4-2

序号	学习目标	达成情况(在相应的选项后打"√")		
		能	不能	如果不能,是什么原因
1	叙述驱动桥的组成、作用和工作原理			
2	叙述差速器的工作过程,在结构上的区分前轮驱动和后轮驱动			

续上表

序号	学习目标	达成情况(在相应的选项后打“√”)		
		能	不能	如果不能,是什么原因
3	识别驱动桥的主要零部件并叙述其主要作用			
4	学会制订驱动桥拆装的工作计划			
5	拆装驱动桥			
6	对驱动桥安装质量进行自检			

3. 日常表现性评价(由小组长或组内成员评价)

(1)工作页填写情况。(　　)

A. 填写完整　　B. 缺失0～20%

C. 缺失20%～40%　　D. 缺失40%以上

(2)工作着装是否规范?(　　)

A. 穿着校服(工作服),佩戴胸卡　　B. 校服或胸卡缺失一项

C. 偶尔会既不穿校服又不戴胸卡　　D. 始终未穿校服、佩戴胸卡

(3)能否主动参与工作现场的清洁和整理工作?(　　)

A. 积极主动参与5S工作

B. 在组长的要求下能参与5S工作

C. 在组长的要求下能参与5S工作,但效果差

D. 不愿意参与5S工作

(4)升降汽车时,有无进行安全检查并警示其他同学?(　　)

A. 有安全检查和警示　　B. 有安全检查,无警示

C. 无安全检查,有警示　　D. 无安全检查,无警示

(5)是否达到全勤?(　　)

A. 全勤　　B. 缺勤0～20%(有请假)

C. 缺勤0～20%(旷课)　　D. 缺勤20%以上

(6)总体印象评价。(　　)

A. 非常优秀　　B. 比较优秀

C. 有待改进　　D. 急需改进

(7)其他建议:

小组长签名:______________________　　________年______月______日

4. 教师总体评价

(1) 对该同学所在小组整体印象评价。(　　)

A. 组长负责,组内学习气氛好

B. 组长能组织组员按要求完成学习任务,个别组员不能达成学习目标

C. 组内有 30% 以上的学员不能达成学习目标

D. 组内大部分学员不能达成学习目标

(2) 对该同学整体印象评价：

____

____

____。

教师签名：______________________　　　　________年______月______日

学习任务5　转向器的分解与装配

学习目标

完成本学习任务后,你应当能:

1. 叙述机械转向系统的组成、作用和工作原理;
2. 叙述动力转向系统的组成、作用和工作原理;
3. 识别转向系统的主要零部件和不同结构的转向器;
4. 懂得制订转向器分解与装配的工作计划;
5. 拆装转向器总成;
6. 对转向器的安装质量进行检验。

建议完成本学习任务为10学时

课时分配:学习准备2学时;计划与实施6学时;学习拓展1.5学时;评价反馈0.5学时。

内容结构

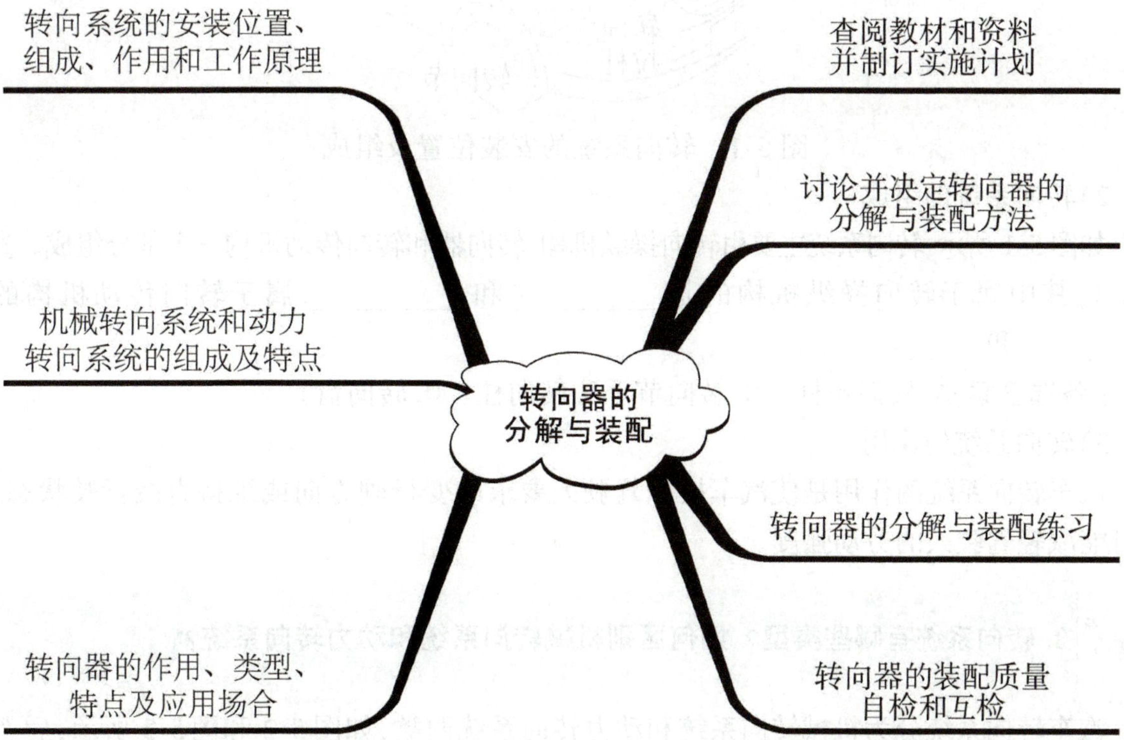

学习任务描述

客户反映转向沉重,经维修技师诊断确定转向器损坏需要解体检修。请你按照技术规范,正确地进行转向器的分解与装配,安装后能使其正常工作。

转向器是汽车转向系统中的重要组成部分,汽车转向系统有机械转向系统和动力转向系统两种类型,在轿车和大型载货汽车上使用的大多是动力转向系统。转向系统工作状况的好坏对汽车的转向性能和行驶的安全性影响很大。通过对转向系统的学习,懂得其组成、作用及工作原理,为了完成转向器的分解与装配工作,请你明确分解与装配转向器的操作规程和装配后的基本检查方法。

一、学习准备

1. 转向系统的安装位置在哪里？主要由哪些部分组成？作用是什么？

1)转向系统的安装位置(图5-1)

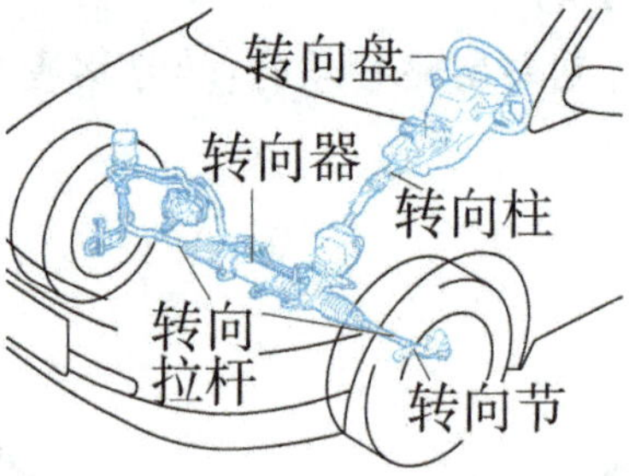

图5-1　转向系统的安装位置及组成

2)转向系统的组成

如图5-1所示,转向系统主要由转向操纵机构、转向器和转向传动机构三个部分组成。参考图5-1,其中属于转向操纵机构的是__________和__________,属于转向传动机构的是__________和__________。

(备选答案:A.转向拉杆　B.转向节　C.转向柱　D.转向盘)

3)转向系统的作用

汽车转向系统的作用是使汽车按照驾驶人要求改变行驶方向或维持直线行驶状态,并尽可能减轻驾驶人的劳动强度。

2. 转向系统有哪些类型？如何区别机械转向系统和动力转向系统？

汽车转向系统分为机械转向系统和动力转向系统两类,如图5-2和图5-3所示,后者在前者的基础上增加了一套助力装置。

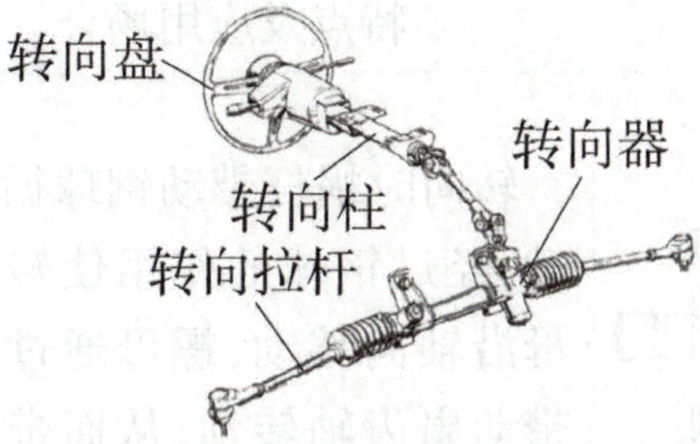

图5-2 机械转向系统的组成

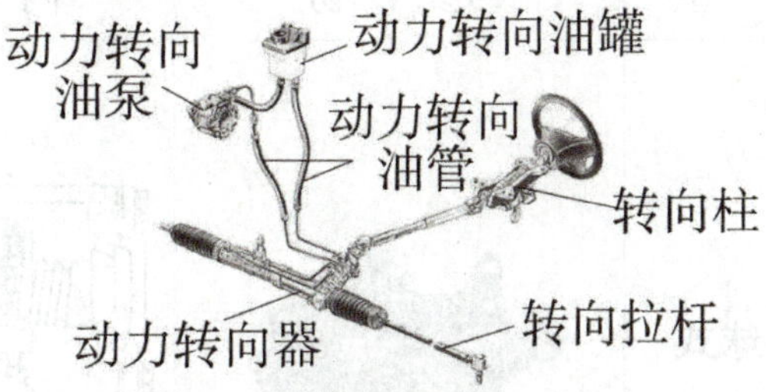

图5-3 动力转向系统的组成

汽车转向时,机械转向系统只能依靠驾驶人的体力来转向,而动力转向系统还可以利用部分发动机的动力或电力,因而更省力。

小提示

动力转向系统无转向助力时,仍可以像机械转向系统一样工作,但转向更费力。

3. 转向器的作用是什么?它有哪些常见的类型?各类分别有何特点?主要用在哪些汽车上?

1)转向器的作用

转向器又称转向机或方向机,它是转向系统中最重要的零部件,其作用是增大驾驶人作用在转向盘上的力矩,减小转速,同时改变转向力的传递方向。

2)转向器的类型、特点及主要应用

常见的转向器有齿轮齿条式、循环球式和蜗杆指销式等类型,其特点及应用见表5-1。

转向器的类型、特点及应用 表5-1

类　　型	实　　物	内部结构	特点及应用场合
齿轮齿条式		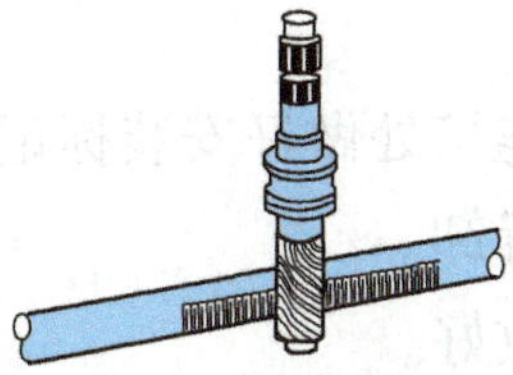	转向时转动转向轴,小齿轮带动齿条在汽车的横轴线方向上移动,将动力传递给转向横拉杆。主要用于大多数轿车和小型货车

续上表

类　　型	实　　物	内部结构	特点及应用场合
循环球式		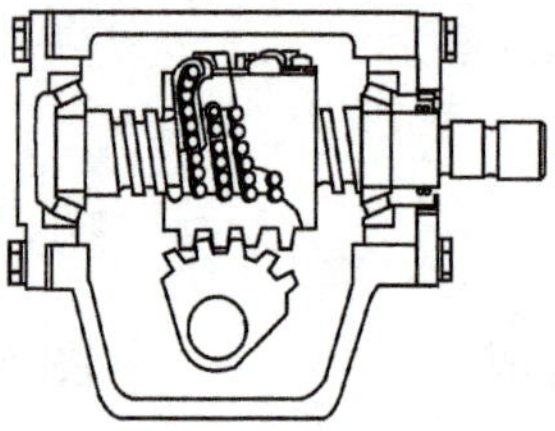	转向时蜗杆带动钢球循环滚动，经过钢球的作用使转向螺母沿轴向移动，螺母通过扇齿带动扇齿轴转动，从而带动转向摇臂摆动。主要用于部分轿车和货车
蜗杆指销式		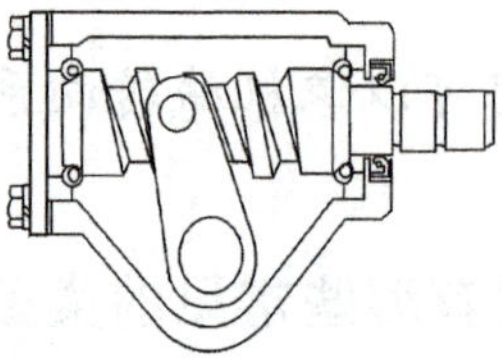	转向时转动转向蜗，指销则在蜗杆的齿侧滚动，同时沿着蜗杆移动，再通过曲柄轴转变成转向摇臂的摆动。主要用于质量较大的车辆

二、计划与实施

4. 请叙述分解与装配转向器时应注意哪些问题。

1）了解以下信息

（1）使用的工具：__________、__________等。

（2）学习的车型：______________________________。

（3）转向器的类型：______________________________。

2）拆卸注意事项

（1）在转向齿条端头与横拉杆连接处做好安装标记。

（2）按照正确的拆卸步骤进行拆卸。

（3）将拆下来的零件按顺序摆放好。

（4）不能让转向齿条转动，防止碰伤齿面。

（5）要合理规范地使用工具。

5. 小组查阅并讨论维修手册，确定拆卸的基本顺序，讨论拆卸步骤和注意事项。

1）主要拆卸步骤

分小组通过实车观察，查阅维修手册或工作页，讨论主要拆卸步骤，并将表5-2中分解齿轮齿条式转向器的步骤正确排序。

分解齿轮齿条式转向器的步骤　　表5-2

序　　号	分解步骤	序　　号	分解步骤
	拆卸齿条		拆卸齿条导套组件
	从整车上拆下转向器总成，清洁		拆卸小齿轮组件
	拆卸转向横拉杆和齿条尾端组件		

2）具体拆卸步骤和要求

（1）从车辆上取下齿轮齿条式转向器总成，清洁污垢后，使用专用工具（SST）将转向器壳夹在台虎钳上，如图5-4所示。

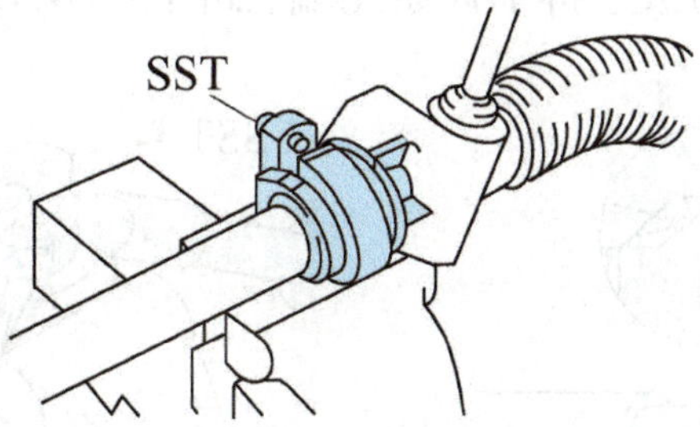

图5-4　固定转向器外壳

小提示

使用专用工具的目的是方便拆装和保护转向器不被损坏。

（2）拆下转向横拉杆尾端。

①在转向横拉杆和齿条后端上作上配合标记，如图5-5所示。

②拧松锁紧螺母，并拆下横拉杆尾端。

学习思考

①转向横拉杆的作用是什么？

②为什么要在转向横拉杆和齿条后端做配合记号？

(3)拆下齿条保护罩。拆下螺钉、卡夹和保护罩。

(4)拆下防尘罩,如图5-6所示。

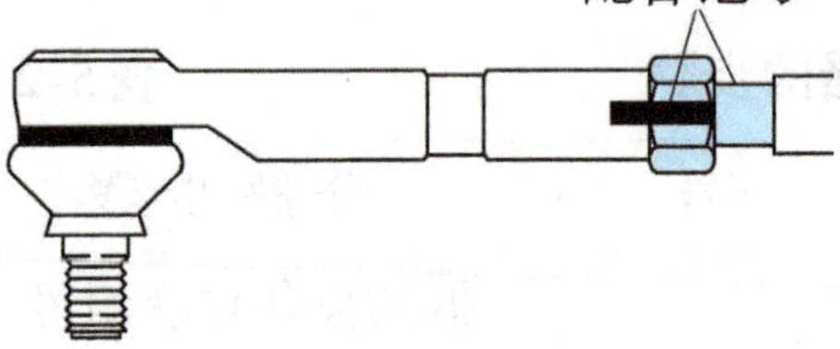

图5-5　做配合记号

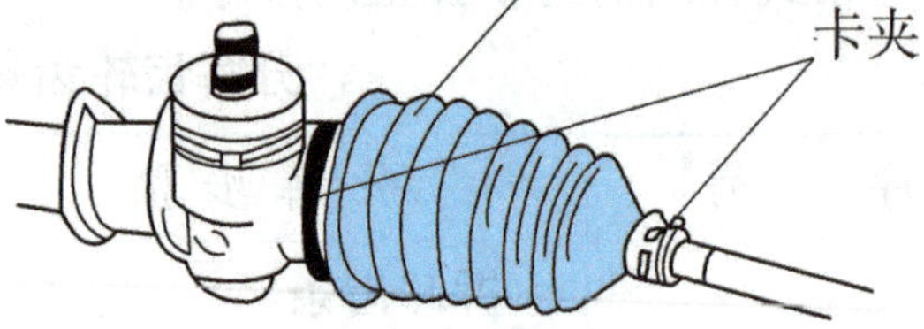

图5-6　拆下防尘罩

小提示

转向横拉杆尾端分左右,拆卸前要注意作好左右的标记,以免装错。

(5)拆下齿条尾端和带齿垫圈。

①凿松带齿垫圈,如图5-7a)所示。

②使用SST和24mm扭力扳手拆下齿条尾端,如图5-7b)所示。

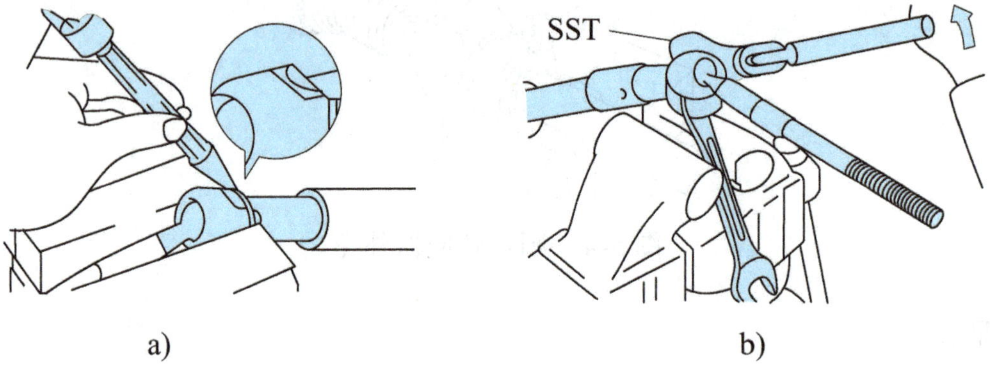

图5-7　凿松带齿垫圈,拆下齿条尾端

③拆下带齿垫圈。

学习思考

①带齿垫圈的作用是什么？

②带齿垫圈能重复使用吗？为什么？

小提示

不要撞击齿条。

(6)使用SST拆下齿条导套弹簧帽锁紧螺母,如图5-8a)所示。

(7)使用17mm六角套筒扳手拆下齿条导套弹簧帽,拆下齿条导套弹簧,如图5-8b)所示。

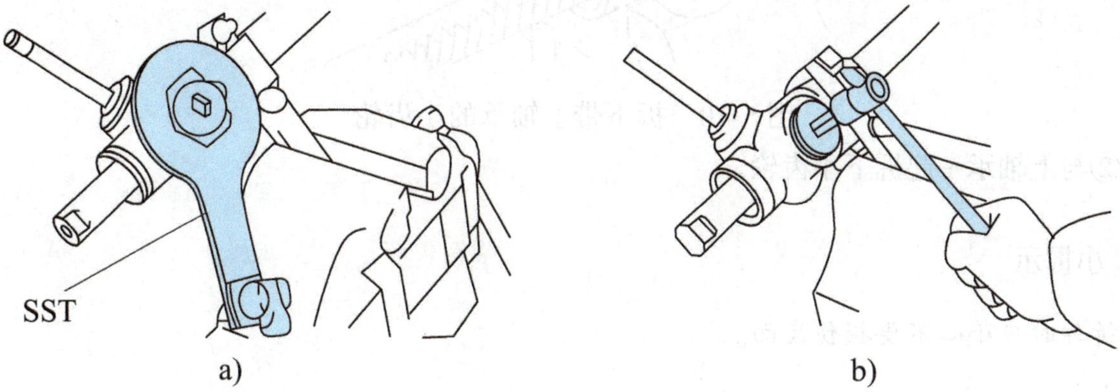

图5-8　拆下锁紧螺母、弹簧帽及弹簧

(8)使用SST拆下小齿轮轴承调整螺钉的锁紧螺母,如图5-9a)所示。

(9)使用SST拆下小齿轮轴承调整螺钉,如图5-9b)所示。

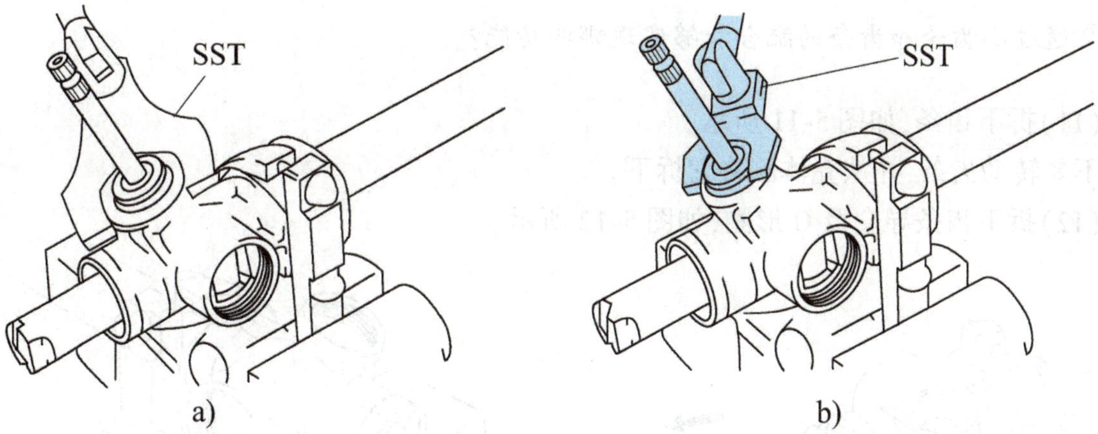

图5-9　拆下小齿轮轴承调整螺钉的锁紧螺母和调整螺钉

小提示

不要损伤调整螺钉处的油封唇。

(10)拆下带上轴承的小齿轮,如图5-10所示。

①从壳体侧拉出齿条,并使齿条的槽口部分与小齿轮对准。

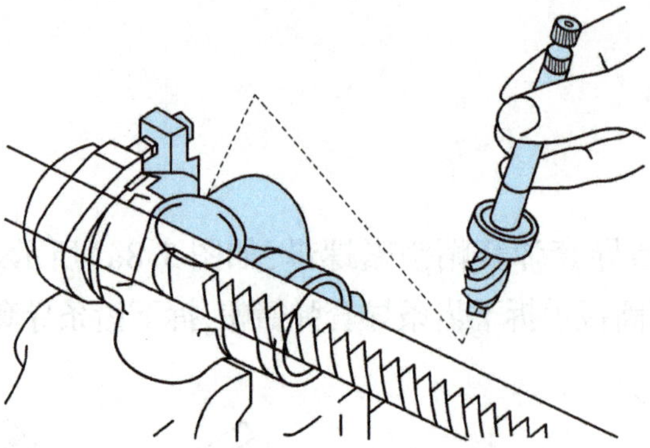

图 5-10　拆下带上轴承的小齿轮

②与上轴承一起拆下小齿轮。

小提示

拆卸时应小心不要损伤齿面。

学习思考

①小齿轮轴承调整螺钉的作用是什么？

②通过小齿轮和齿条的配合能够实现哪些功能？

(11)拆下齿条,如图 5-11 所示。
不要转动齿条,并从壳体侧将它拆下。
(12)拆下齿条导套及 O 形圈,如图 5-12 所示。

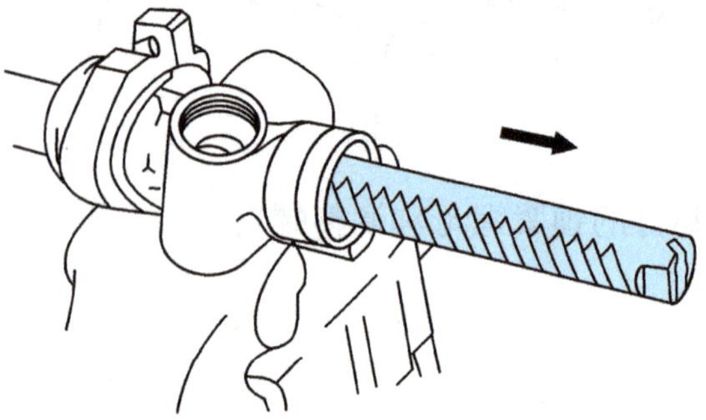

图 5-11　拆下齿条

图 5-12　拆下齿条导套及 O 形圈

①拆下齿条导套。
②从导套拆下 O 形圈。

学习思考

①为什么要从壳体侧拉出齿条？

②齿条导套有什么作用？

学习拓展

1. 齿轮齿条式转向器的结构和工作过程

1）齿轮齿条式转向器的结构

如图5-13所示，齿轮齿条式转向器主要由小齿轮、转向齿条、转向器壳体、转向横拉杆、防尘套等组成。

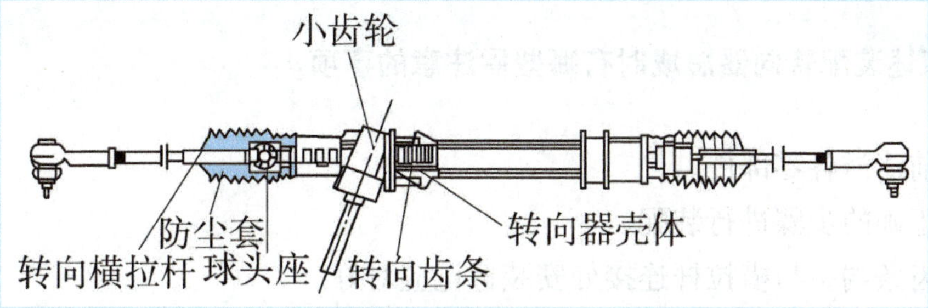

图5-13　齿轮齿条式转向器

2）齿轮齿条式转向器的工作过程

小齿轮连在转向柱上，驾驶人转动转向盘时，小齿轮就会旋转，从而带动齿条直线运动。齿条两端的转向横拉杆连接在转向节的转向臂上，从而带动转向轮偏转一定角度。

2. 循环球式转向器的结构和工作过程

1）循环球式转向器的结构

如图5-14所示，循环球式转向器主要由壳体、转向螺杆、转向螺母、钢球、齿扇、摇臂轴等组成。

2）循环球式转向器的工作过程

转向时转向螺杆带动钢球循环滚动，经过钢球的作用使转向螺母沿轴向移动，螺母通过扇齿带动摇臂轴转动，从而带动转向摇臂摆动。转向摇臂通过转向直拉杆和一套转向梯形机构带动转向轮偏转一定角度。

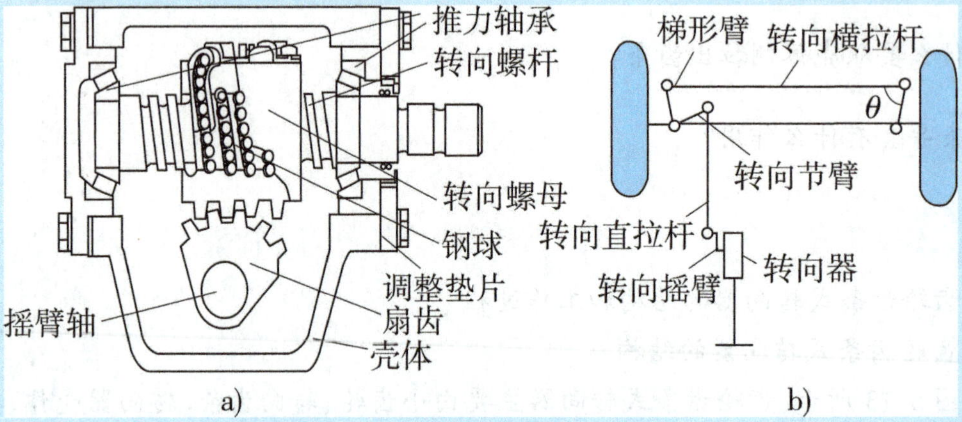

图5-14　循环球式转向器

6. 请叙述装配转向器总成时有哪些需注意的事项。

(1)装配前清洁各零部件。

(2)按照正确的步骤进行装配。

(3)转向齿条端头与横拉杆连接处安装标记应对好。

(4)不能让转向齿条转动,防止碰伤齿面。

(5)按规定力矩拧紧各螺栓。

(6)及时铆接带齿垫圈。

(7)要合理规范地使用工具。

7. 小组阅读并讨论维修手册,确定装配的基本顺序,讨论装配步骤和注意事项。

1)主要装配步骤

(1)安装齿条。

(2)安装小齿轮组件。

(3)安装齿条导套组件。

(4)安装转向横拉杆和齿条尾端组件。

(5)在车上安装转向器总成。

2)具体装配步骤和要求

(1)在各零件上涂敷MP(多用途)润滑脂或二硫化钼锂基润滑脂。

(2)将齿条装入齿条壳体,如图5-15所示。

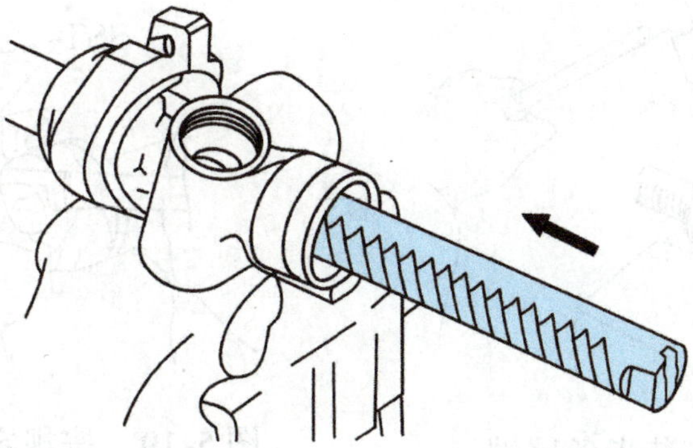

图5-15　将齿条装入齿条壳体

①从小齿轮侧将齿条装入齿条壳体。

小提示

不要转动齿条,以免损伤转向齿条的齿面。

②调整好齿条的槽口侧以使小齿轮能正确地处于其内侧。

(3)将小齿轮装入齿条壳体,要保证小齿轮尾端固定在下轴承内,如图5-16所示。

(4)装配并调整小齿轮轴承的调整螺钉,如图5-17所示。

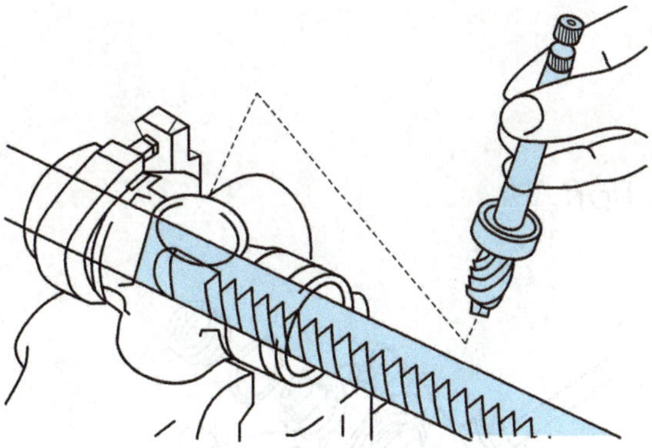

图5-16　安装小齿轮

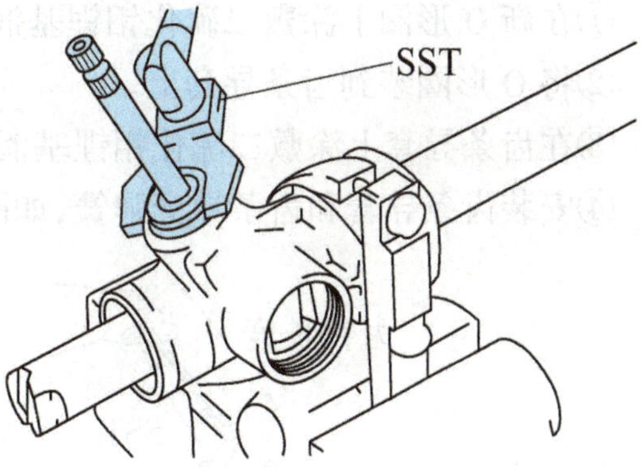

图5-17　安装小齿轮调整螺钉

①在螺钉的螺纹部涂敷密封胶。

②使用SST逐步地拧紧调整螺钉直至紧贴住为止。

③临时将齿条尾端装到齿条上,如图5-18所示。

④使用SST转动小齿轮轴予以锁紧。

⑤使用扭力计和SST在两个方向测量轴承的预紧力矩。用SST转动调整螺钉直至达到规定的预紧力矩。预紧力矩(转动时)为0.1~0.2N·m,如图5-19所示。

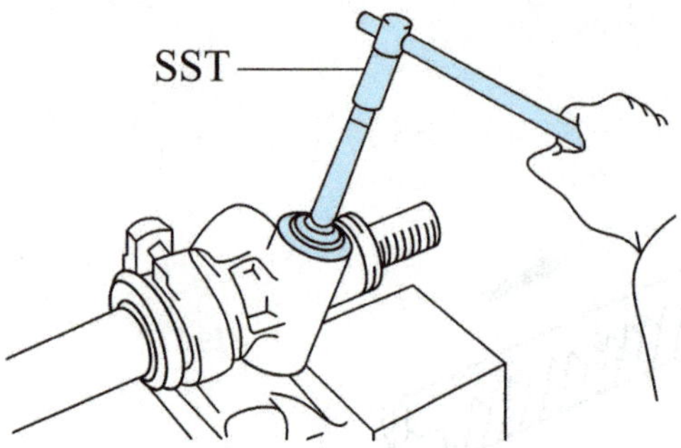

图 5-18　临时安装齿条尾端

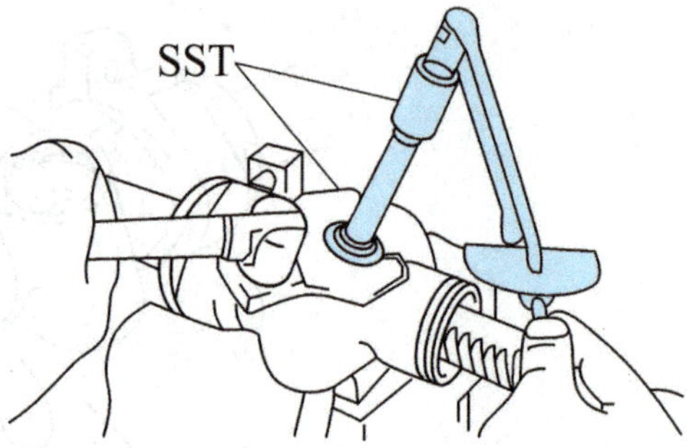

图 5-19　按规定力矩拧紧调整螺钉

小提示

转向小齿轮的预紧力矩必须符合要求，否则将影响转向器的正常工作。拧紧螺钉时必须使用专用工具，否则将导致零部件的损坏或人员的伤害。

(5)安装小齿轮轴承调整螺钉的锁紧螺母，如图 5-20 所示。

①在螺母的螺纹部涂敷密封胶。

②用 SST 将调整螺钉固定在适当的位置，并用 SST 拧紧锁紧螺母，拧紧力矩为 88N · m。

③重新检查小齿轮的预紧力矩。

(6)安装齿条导套和齿条导套弹簧。

①在新 O 形圈上涂敷二硫化钼锂基润滑脂。

②将 O 形圈装到齿条导套上。

③在齿条导套上涂敷二硫化钼锂基润滑脂。

④安装齿条导套和齿条导套弹簧，如图 5-21 所示。

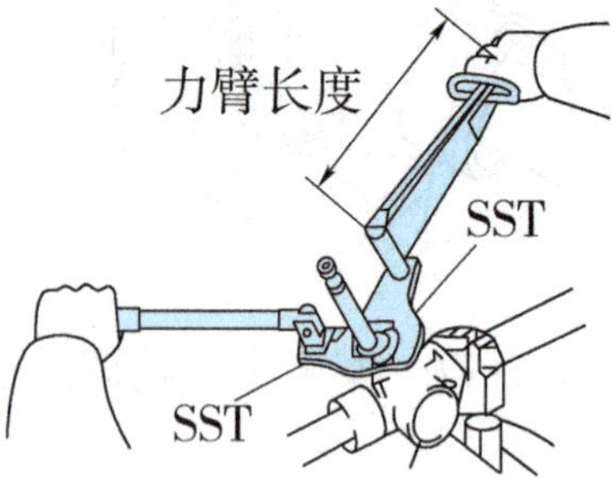

图 5-20　安装小齿轮轴承锁紧螺母

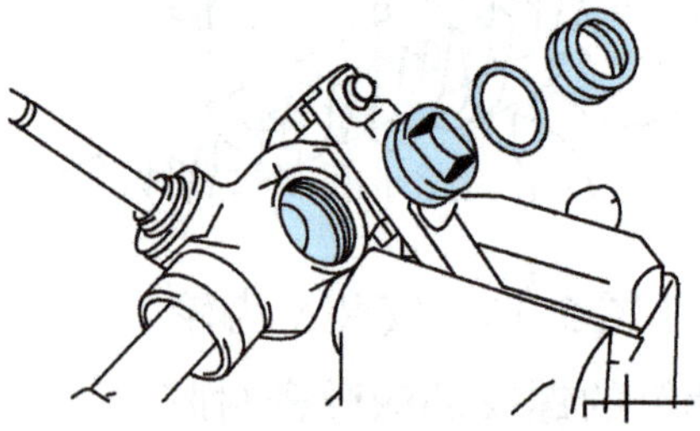

图 5-21　安装齿条导套及齿条导套弹簧

(7)安装齿条导套弹簧帽。

①在弹簧帽的螺纹部涂敷密封胶。

②使用 17mm 六角套筒扳手，临时装上弹簧帽，如图 5-22 所示。

(8)调整总预紧力矩,如图5-23所示。

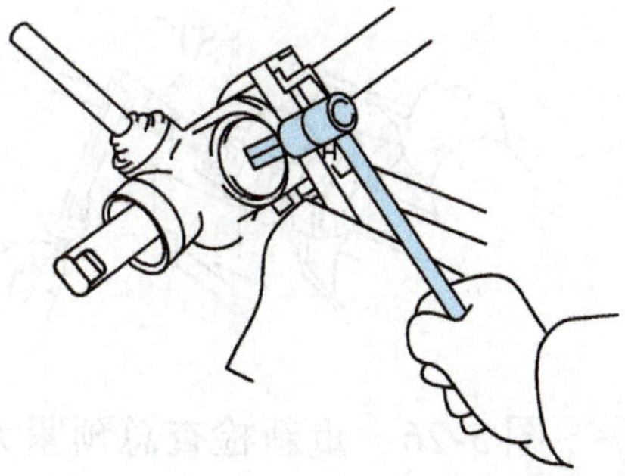

图5-22　临时安装齿条套弹簧帽

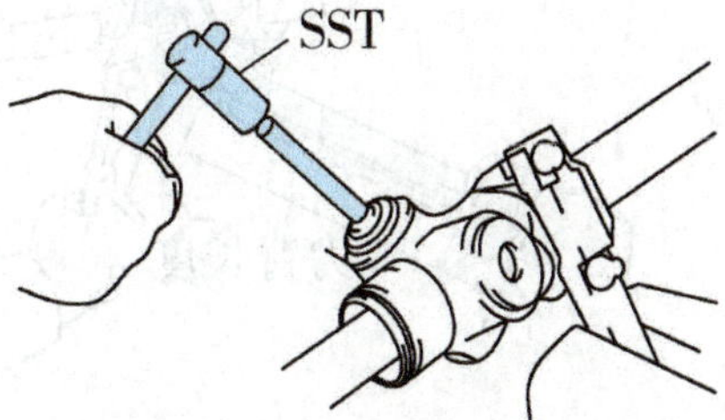

图5-23　调整总预紧力矩

①使用SST计算小齿轮总的转动圈数,然后将小齿轮退回一半圈数。

②使用17mm六角套筒扳手,拧紧齿条导套弹簧帽,拧紧力矩为25N·m,如图5-24所示。

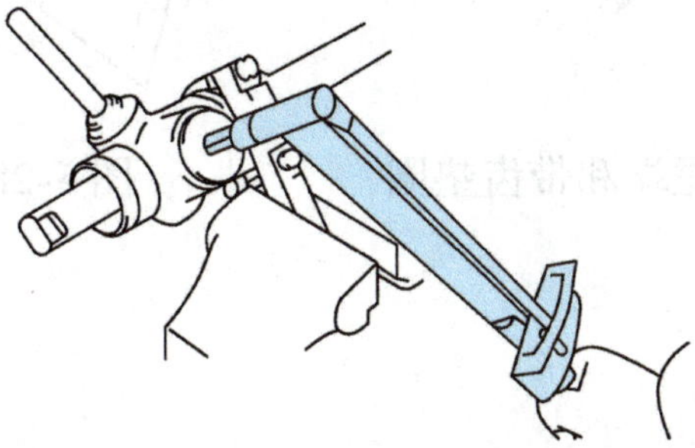

图5-24　拧紧齿条导套弹簧帽

③将齿条导套弹簧帽倒退25°。

④使用SST和扭力计在两个方向测量从空挡位置开始一圈之内的总预紧力矩。

预紧力矩(转动时)为0.7~1.7N·m。

(9)安装齿条导套弹簧帽的锁紧螺母。

①在锁紧螺母上涂敷密封胶。

②用六角套筒扳手固定住螺钉,用SST拧紧锁紧螺母,拧紧力矩为69N·m,如图5-25所示。

③重新检查总预紧力矩,如图5-26所示。

(10)安装齿条尾端和带齿垫圈。

①在球窝节上涂敷二硫化钼锂基润滑脂。

②装上新的带齿垫圈。

③使用SST和24mm扭力扳手装上齿条尾端,拧紧力矩为71N·m,如图5-27所示。

④铆接带齿垫圈,如图5-28所示。

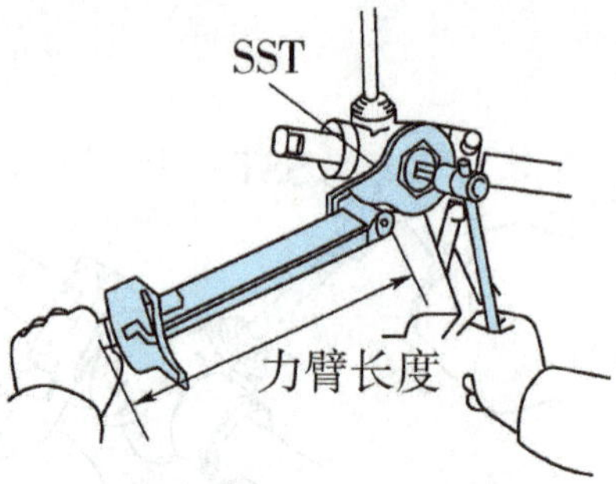

图 5-25　安装齿条导套弹簧帽的锁紧螺母

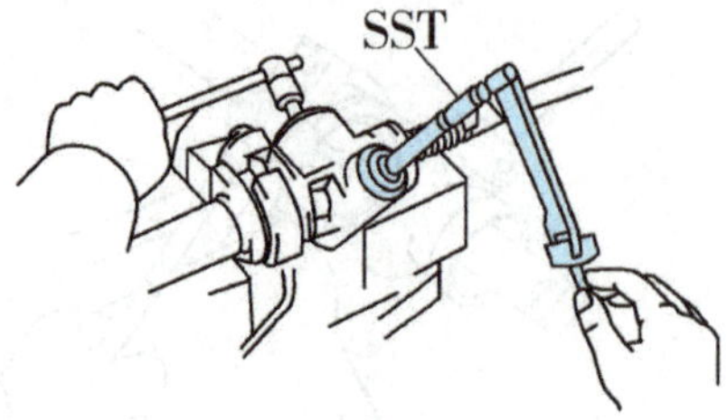

图 5-26　重新检查总预紧力矩

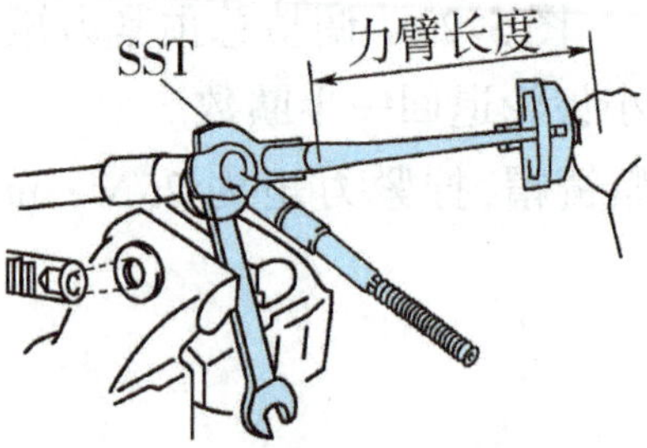

图 5-27　安装齿条尾端和带齿垫圈

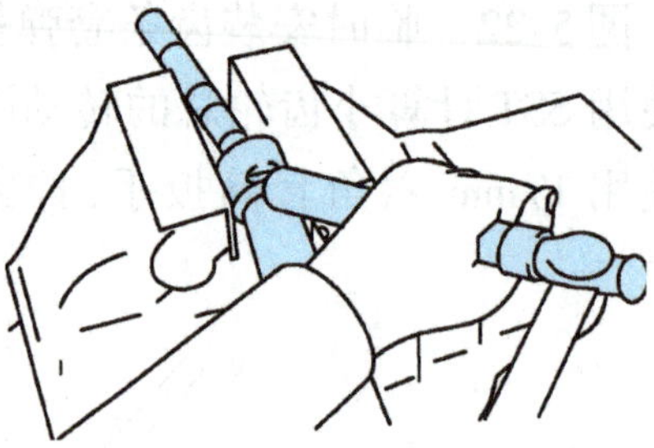

图 5-28　铆接带齿垫圈

小提示

在敲击时不要损伤齿条。

(11)安装齿条保护罩。

①在保护罩的唇部涂敷硅润滑脂。

②装上齿条保护罩,如图 5-29 所示。

小提示

不要损伤或扭曲齿条保护罩。

③装上卡夹和夹扣,如图 5-30 所示。

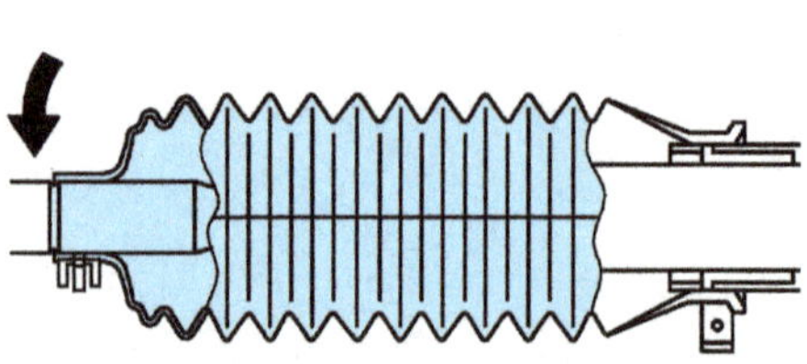

图 5-29　安装齿条保护罩

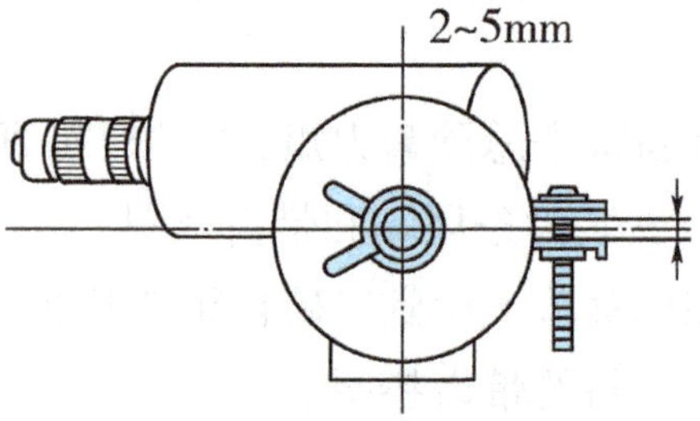

图 5-30　装上卡夹和夹扣

小提示

卡夹和夹扣必须安装牢固，否则灰尘砂砾等会进入转向器内部，导致零件的不正常磨损。

(12)安装转向横拉杆尾端。

①拧紧锁紧螺母，使转向横拉杆连接到齿条尾端并使配合记号对准，如图5-31所示。

②调整好转向横拉杆后，拧紧锁紧螺母，拧紧力矩为88N·m。

(13)安装防尘罩，如图5-32所示。

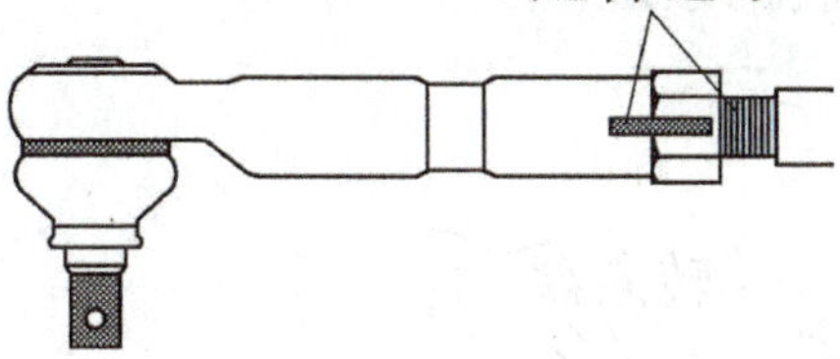

图5-31　安装转向横拉杆尾端

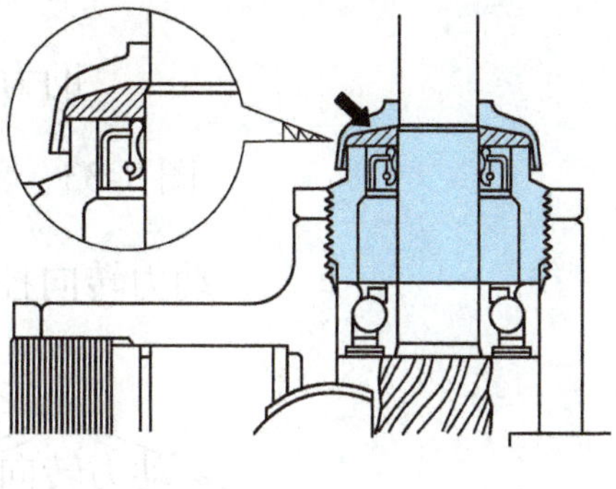

图5-32　安装防尘罩

①在防尘罩上涂敷二硫化钼锂基润滑脂。

②装上防尘罩。

学习拓展

1. 液压助力转向系统

如图5-33所示，液压助力转向系统在机械式转向系统的基础上增加了一套液压助力装置，包括液压助力泵、油管、压力流体控制阀、助力液储液罐等。这种助力方式是将一部分发动机动力通过传动带输出转化成液压助力泵压力，对转向系统施加辅助作用力，从而使车轮转向。

2. 电动助力转向系统

如图5-34所示，电动助力转向系统在机械式转向系统的基础上增加了一套电动助力装置，包括动力转向控制模块(ECU)、车速传感器、转矩传感器、动力转向电动机等。通过传感器把采集到的车速、转角信息输送给ECU，ECU决定电动机的旋转方向和助力电流大小，然后把指令传递给电动机，电动机将辅助动力施加到转向系统中，这样实时调整的转向助力便得以实现。

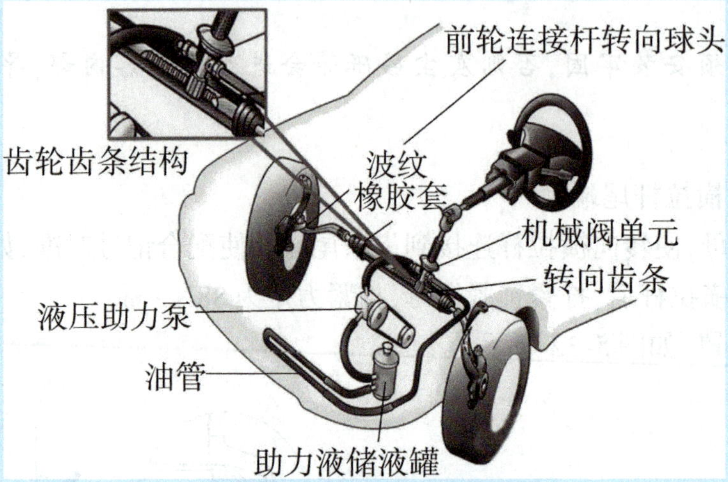

图 5-33 液压助力转向系统

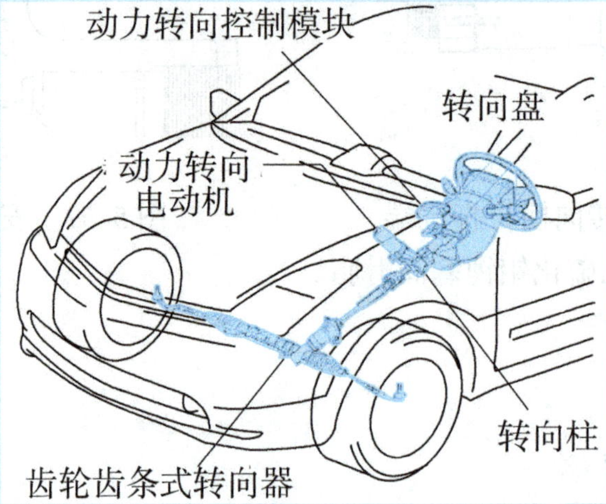

图 5-34 电动助力转向系统

三、评价反馈

1. 学习自测题

(1) 下列属于转向操纵机构的零部件是(　　)。

A. 转向柱　　B. 转向盘

C. 转向器　　D. 转向横拉杆

(2) 在轻型及微型汽车上应用最广泛的是下列哪一类型的转向器？(　　)

A. 齿轮齿条式　　B. 循环球式

C. 蜗杆指销式　　D. 蜗杆滚轮式

(3)转向系统主要由下列哪些部分组成？(　　)

A. 转向操纵机构　　B. 转向传动机构

C. 转向器　　D. 转向油泵

(4)液压助力动力转向系统在机械式转向系统的基础上增加了一套助力装置，包括(　　)。

A. 转向助力泵　　B. 转向助力油罐

C. 转向助力油管　　D. 转向柱

(5)转向传动机构是指转向器至转向轮之间的一整套传动杆件，其功用是将转向器输出的力传给(　　)。

A. 转向横拉杆　　B. 转向摇臂

C. 转向球头　　D. 转向轮

(6)动力转向器失效时，驾驶人不能独立进行汽车转向操作。(　　)

A. 对　　B. 错

(7)拆卸转向横拉杆前要在尾端做好左右标记。(　　)

A. 对　　B. 错

2. 学习目标达成度的自我检查(表5-3)

自我检查表　　表5-3

序号	学习目标	达成情况(在相应的选项后打"√")		
		能	不能	如果不能，是什么原因
1	叙述汽车底盘的基本组成与作用			
2	叙述汽车底盘在汽车上的几种主要布置方式			
3	识别汽车底盘各主要总成			
4	懂得汽车维修安全操作规程			
5	懂得工作现场的管理常识			

3. 日常表现性评价(由小组长或组内成员评价)

(1)工作页填写情况。(　　)

A. 填写完整　　B. 缺失0～20%

C. 缺失20%～40%　　D. 缺失40%以上

(2)工作着装是否规范？(　　)

A. 穿着校服(工作服)，佩戴胸卡　　B. 校服或胸卡缺失一项

C. 偶尔会既不穿校服又不戴胸卡　　D. 始终未穿校服、佩戴胸卡

(3)能否主动参与工作现场的清洁和整理工作？（　）

A. 积极主动参与5S工作

B. 在组长的要求下能参与5S工作

C. 在组长的要求下能参与5S工作，但效果差

D. 不愿意参与5S工作

(4)升降汽车时，有无进行安全检查并警示其他同学？（　）

A. 有安全检查和警示　　B. 有安全检查，无警示

C. 无安全检查，有警示　　D. 无安全检查，无警示

(5)是否达到全勤？（　）

A. 全勤　　B. 缺勤0～20%（有请假）

C. 缺勤0～20%（旷课）　　D. 缺勤20%以上

(6)总体印象评价。（　）

A. 非常优秀　　B. 比较优秀

C. 有待改进　　D. 急需改进

(7)其他建议：

小组长签名：________________　________年______月______日

4. 教师总体评价

(1)对该同学所在小组整体印象评价。（　）

A. 组长负责，组内学习气氛好

B. 组长能组织组员按要求完成学习任务，个别组员不能达成学习目标

C. 组内有30%以上的学员不能达成学习目标

D. 组内大部分学员不能达成学习目标

(2)对该同学整体印象评价：

____

____

____。

教师签名：________________　________年______月______日

学习任务6　制动器摩擦片的更换

学习目标

完成本学习任务后，你应当能：

1. 叙述液压制动系统的组成、作用和工作原理；
2. 叙述盘式和鼓式制动器的工作过程与特点；
3. 叙述真空助力器的作用和工作原理；
4. 简述ABS制动力控制装置的作用；
5. 懂得制订盘式或鼓式制动器拆装的工作计划；
6. 规范地更换制动器摩擦片；
7. 对盘式或鼓式制动器的安装质量进行检验。

建议完成本学习任务为12学时

课时分配：学习准备2学时；计划实施7学时；学习拓展2.5学时；评价反馈0.5学时。

内容结构

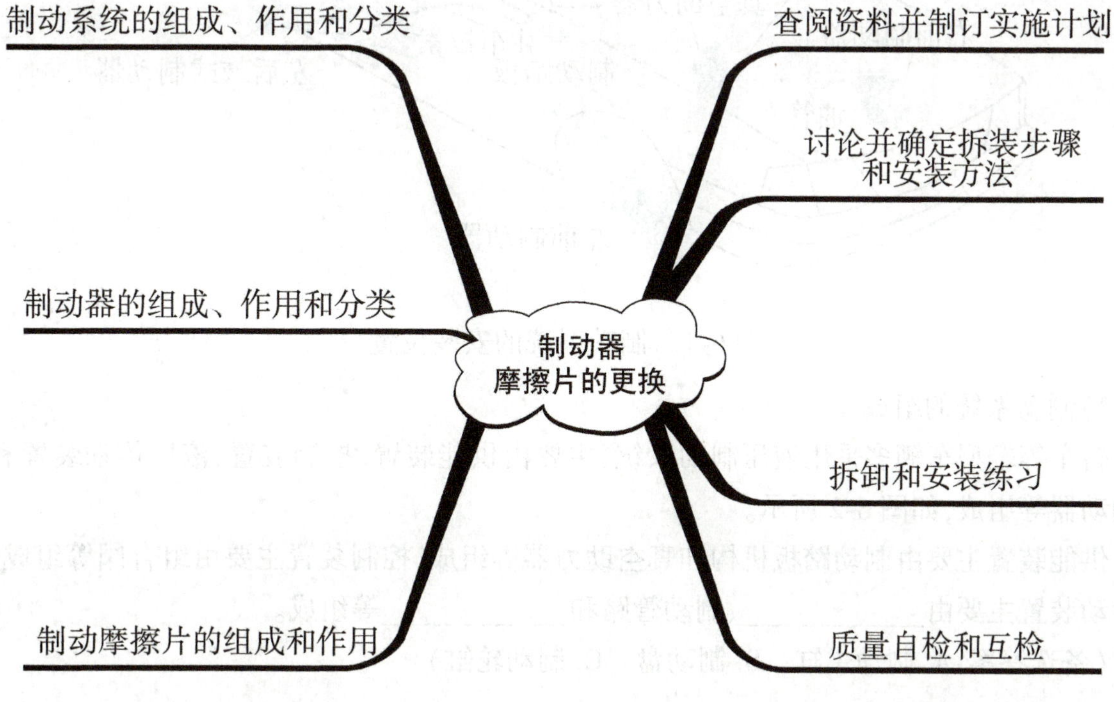

学习任务描述

客户反映制动时有异响,经维修技师诊断发现制动器摩擦片已经磨损到极限,需更换摩擦片。请你参照维修手册,进行拆卸更换,更换后能使其正常工作。

制动器是汽车制动系统的组成部件,汽车在行驶中经常需要减速或停车。制动器有故障将导致汽车行驶不安全。通过对制动系统的学习,懂得其组成、作用及零部件的安装位置,请你明确更换制动器摩擦片的操作规程和安装后的基本检查方法。

一、学习准备

1. 制动系统的安装位置在哪里？主要由哪些部分组成？作用是什么？制动系统有哪些类型？

1)制动系统的安装位置(图6-1)

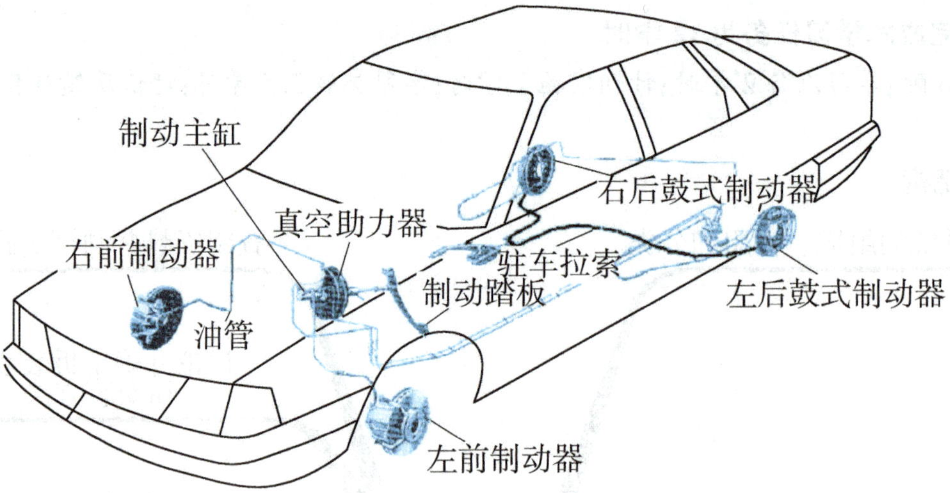

图6-1　制动系统的安装位置

2)制动系统的组成

轿车等轻型车辆多采用液压制动系统,主要由供能装置、控制装置、液压传动装置和车轮制动器等组成,如图6-2所示。

供能装置主要由制动踏板机构和真空助力器等组成,控制装置主要由组合阀等组成,液压传动装置主要由____________、制动管路和____________等组成。

(备选答案:A. 制动主缸　B. 制动盘　C. 制动轮缸)

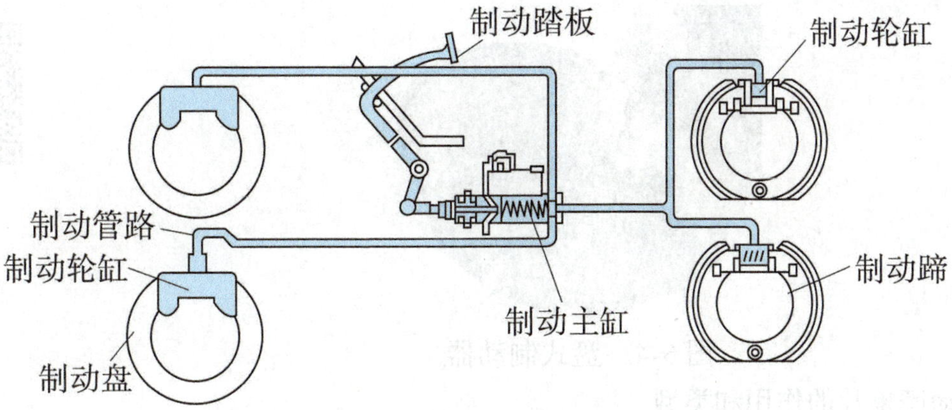

图 6-2　液压制动系统的组成(无 ABS)

3)制动系统的作用

制动系统的作用是使行驶中的汽车减速甚至停车,使下坡行驶的汽车速度保持稳定(行车制动),以及使停驶的汽车保持稳定驻车(驻车制动)。

4)制动系统的分类

(1)按功用可分为行车制动系统和驻车制动系统。

(2)按能源可分为人力制动式、动力制动式和伺服制动式。

(3)按能量传输方式可分为机械式、液压式和气压式等。

2. 制动器和制动摩擦片的作用是什么？分别有哪些类型？

1)制动器的作用和类型

(1)制动器的作用。制动器安装于车轮处,其作用是产生使车轮停止转动的制动力矩。

(2)制动器的类型。目前汽车上多采用鼓式制动器和盘式制动器两类。

鼓式制动器(图 6-3)多用于货车或轿车后轮。鼓式制动器又可分为领从蹄式、双从蹄式、双领蹄式、双向双领蹄式、单向自增力式和双向自增力式。

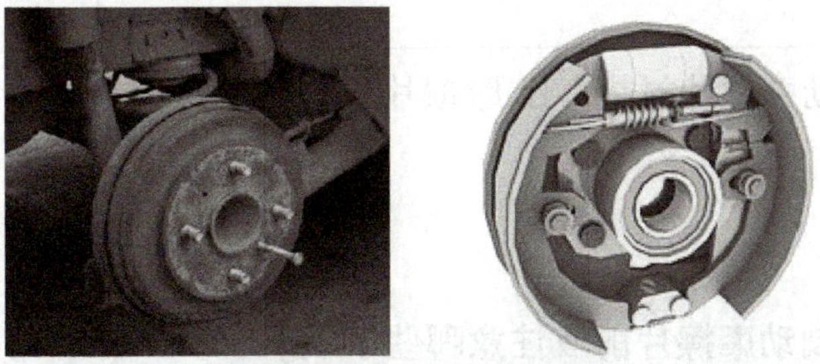

图 6-3　鼓式制动器

盘式制动器(图 6-4)多用于轻型车辆前轮。盘式制动器分为全盘式和钳盘式两种,其中钳盘式又分为定钳盘式和浮钳盘式。

图 6-4　盘式制动器

2）制动摩擦片的作用和类型

（1）制动摩擦片的作用。制动摩擦片的作用是利用摩擦作用使与之配合的制动盘或制动鼓减速甚至停止不动。

（2）制动摩擦片的类型。

①平面形（图 6-5）：以端面为工作表面的摩擦片，用于盘式制动器中。

将图 6-5 上图注数字所指部分的名称填到横线上（可参考备选答案）。

1 ____________________、2 ____________________。

（备选答案：A. 摩擦片衬垫　B. 摩擦片）

②半圆形（图 6-6）：以外圆柱面为工作表面的摩擦片，用于鼓式制动器中。

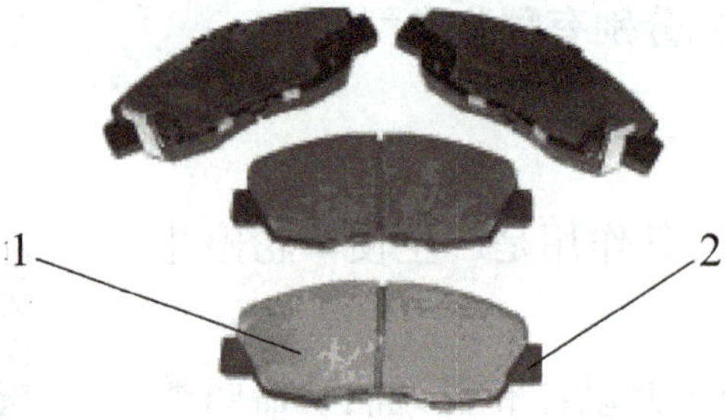

图 6-5　平面形制动摩擦片

图 6-6　半圆形制动摩擦片

将图 6-6 上图注数字所指部分的名称填到横线上（可参考备选答案）。

1 ____________________、2 ____________________。

（备选答案：A. 制动摩擦片衬垫　B. 摩擦片）

二、计划与实施

3. 请叙述更换制动摩擦片前应注意哪些事项。

1）了解以下信息

（1）使用的工具：____________、____________等。

(2)学习的车型:____________________________。

(3)前轮制动器的类型:____________,后轮制动器的类型:____________。

2)拆卸的注意事项

(1)预防措施:拆卸时注意安全,务必将车辆固定好,以防止车辆突然倒塌伤人。

(2)按照正确的拆卸步骤进行拆卸。

(3)将拆卸下来的零件按顺序摆放好。

(4)不能让油污等直接接触到制动器摩擦片的表面。

(5)不要脱开制动器软管。

(6)要合理规范地使用工具。

4. 小组阅读并讨论维修手册,确定拆装盘式制动器摩擦块的基本顺序和拆卸步骤及注意事项。

1)主要拆卸步骤

分小组通过实车观察,查阅维修手册或工作页,讨论主要拆卸步骤,并将表6-1中拆卸盘式制动器制动摩擦块的步骤正确排序。

盘式制动器摩擦块的拆卸步骤　　表6-1

序　号	拆 卸 步 骤	序　号	拆 卸 步 骤
	拆下制动轮缸2个固定螺栓		拆下制动轮缸总成
	拆卸2个摩擦块		拆下前轮

2)具体拆卸步骤和要求

(1)拆下前轮,如图6-7所示。

图6-7　拆卸前轮

①安全地顶起汽车前轮,在轮胎表面做好标记。

②按顺序拆下 5 个轮胎螺母。

③取下前轮。

小提示

在拆卸轮胎前，必须拉紧驻车制动器操纵杆，同时做好安全预防措施。

学习思考

记录拆卸车轮的要点：

(2) 拆下制动轮缸，如图 6-8 所示。

①拆下制动轮缸 2 个安装螺栓。

小提示

2 个安装螺栓的长度不一，注意它们的安装位置。

②拆下制动轮缸，利用吊钩把制动轮缸挂起来，使制动软管不受拉伸，如图 6-9 所示。

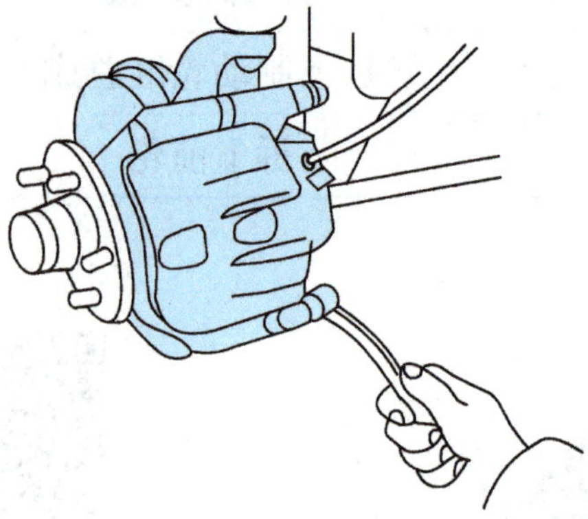

图 6-8　拆卸制动轮缸

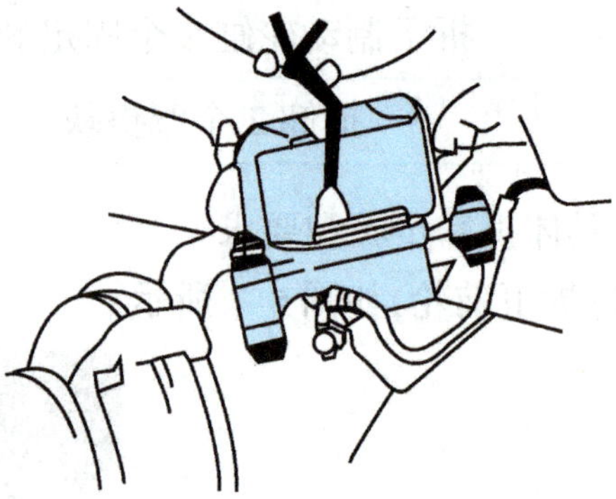

图 6-9　固定制动轮缸

小提示

不要拆卸制动软管，否则制动液会流出，造成空气进入管道等不良后果。

(3) 拆下摩擦块及附件，如图 6-10 所示。

①拆下 2 个摩擦块。

②拆下 2 个消声片。

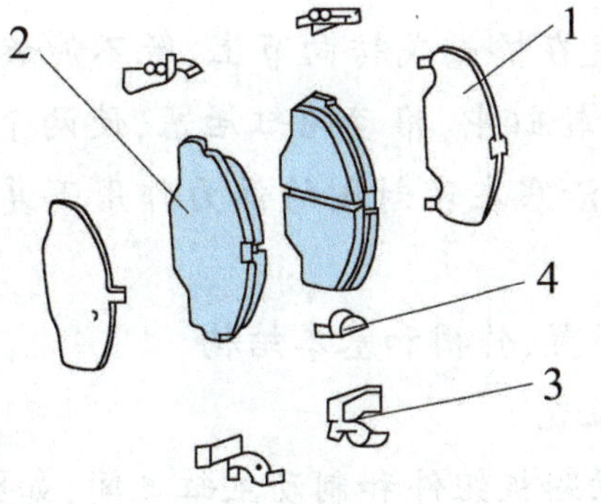

图6-10　拆卸摩擦块及附件

③拆下2个磨损指示板。

④拆下2个摩擦块支撑板。

将图6-10上的图注数字所指零件的名称填到横线上(可参考备选答案)。

1 ____________、2 ____________、3 ____________、4 ____________。

(备选答案:A. 摩擦块　B. 消声片　C. 磨损指示板　D. 摩擦块支撑板)

学习拓展

1. 盘式制动器的结构和工作过程

1)盘式制动器的结构

如图6-11所示,盘式制动器主要由1 ____________、2 ____________、3 ____________和制动摩擦块等组成。

(备选答案:A. 制动盘　B. 活塞　C. 制动钳　D. 制动鼓)

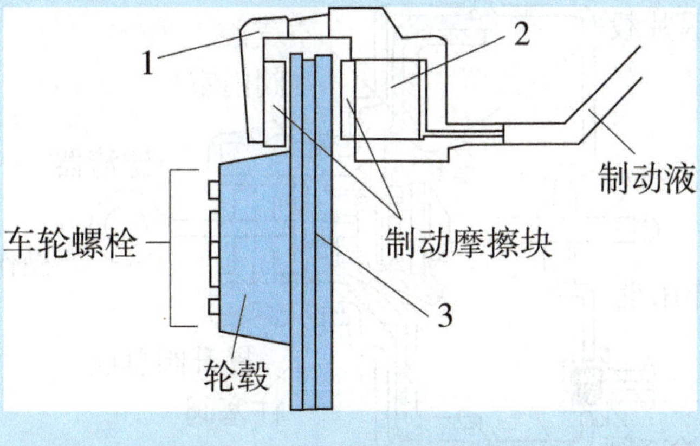

图6-11　盘式制动器的结构

2)盘式制动器的工作过程

制动盘与车轮相连接,随车轮一起转动。轮缸活塞布置在制动钳中,活塞的端部有摩擦块。制动钳用螺栓固定在桥壳或转向节上，既不能旋转，也不能轴向移动。制动时，高压制动液被压入制动轮缸中，推动轮缸活塞，使两个制动摩擦块压向制动盘，产生制动作用。解除制动时，活塞在密封圈的弹力作用下复位，直至密封圈变形完全消失为止。

2. 真空助力器的安装位置、作用和基本结构

1）真空助力器的安装位置

真空助力器安装在制动踏板组件和制动主缸之间，如图6-12所示。

图6-12　真空助力器的安装位置

2）真空助力器的基本结构

如图6-13所示，真空助力器主要由主缸推杆、真空腔、膜片、空气腔、膜片毂、反作用盘、检查阀、柱塞阀、提升阀总成、操作杆和滤清器等组成。

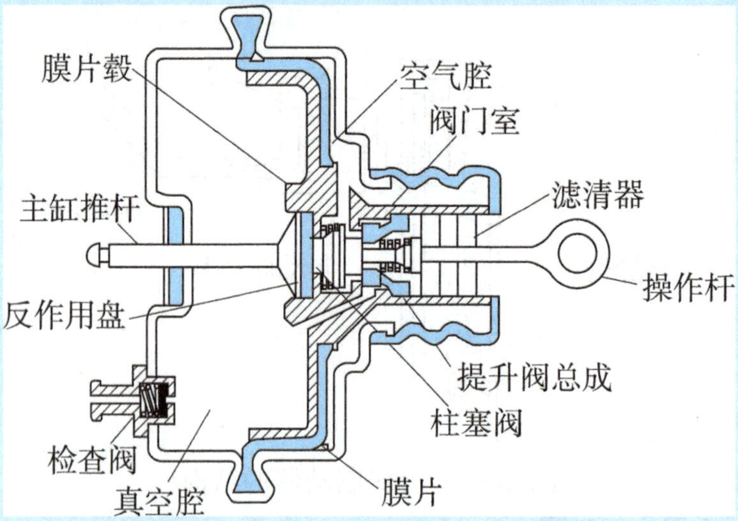

图6-13　真空助力器的基本结构

3)真空助力器的作用

由于盘式制动器没有制动助势作用,因而要增设助力装置——真空助力器,利用发动机进气歧管产生的真空与大气压力形成的压力差,减小驾驶人作用在制动踏板上的力。根据需要,控制阀控制进入空气量的多少,从而获得所需助力的作用。

小提示

真空助力器损坏或不工作时,驾驶人需要更大的力才能将制动踏板踩下进行制动。

5.小组阅读并讨论维修手册,确定装配的基本顺序,讨论装配步骤和注意事项。

1)装配的注意事项

(1)预防措施:装配时注意安全,检查车辆固定情况,以防车辆突然倒塌伤人。

(2)按照正确的装配步骤进行装配,同时注意摩擦块的位置和方向。

(3)装配前应彻底清洁各零件表面。

(4)装配时注意不能让油污等接触到制动器内的摩擦表面。

(5)要合理规范地使用工具。

2)主要安装步骤

(1)安装摩擦块支撑板。

(2)安装新的摩擦块。

(3)安装制动钳总成。

(4)安装前轮。

3)具体装配步骤和要求

(1)安装制动摩擦块支撑板。

将4个摩擦块支撑板装到扭力板上,如图6-14所示。

学习思考

摩擦块支撑板的作用:

小提示

摩擦块支撑板有安装方向,要按照规定的要求安装。

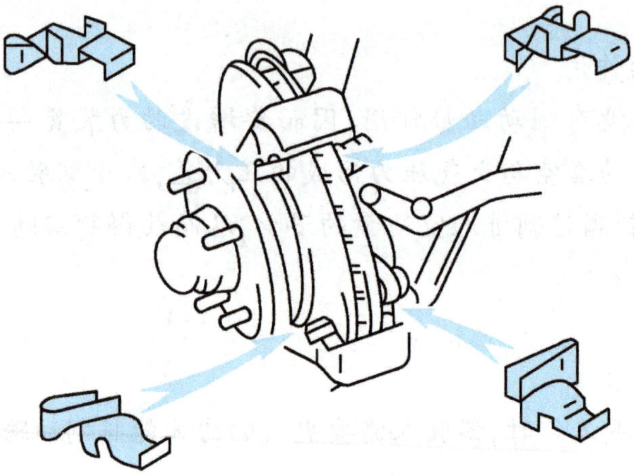

图 6-14　安装支撑板

(2)装上新的摩擦块。

①将摩擦块磨损指示板装在内摩擦块衬垫上,如图 6-15 所示。

学习思考

磨损指示板的作用:

小提示

不要让油或润滑脂粘到摩擦面上。

②使消声片朝向制动摩擦块的背侧安装好,如图 6-16 所示。

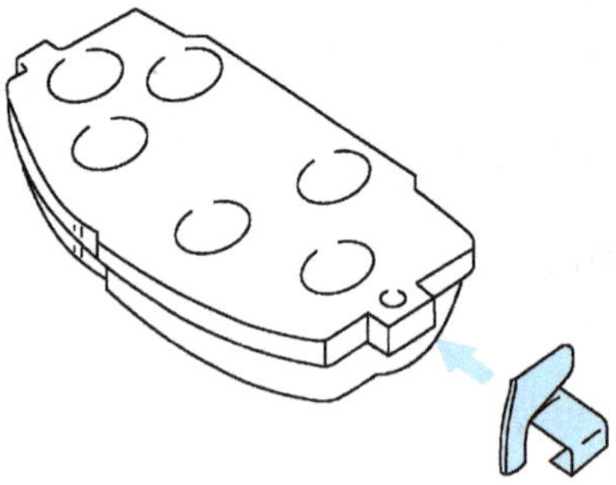

图 6-15　安装磨损指示板

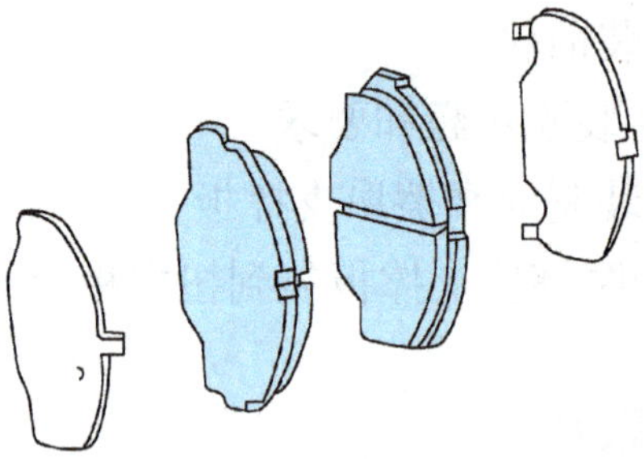

图 6-16　安装消声片

学习思考

消声片的作用:

③将制动摩擦块装到各自的支撑板上，如图6-17所示。

小提示

制动摩擦块有安装方向和在相应的部分涂抹耐高温润滑脂的要求，要按照维修手册规定进行安装。

(3)安装制动钳(制动轮缸)。

①从储液罐放出少量的制动液。

②用锤子柄或专用工具将活塞压入，如图6-18所示。

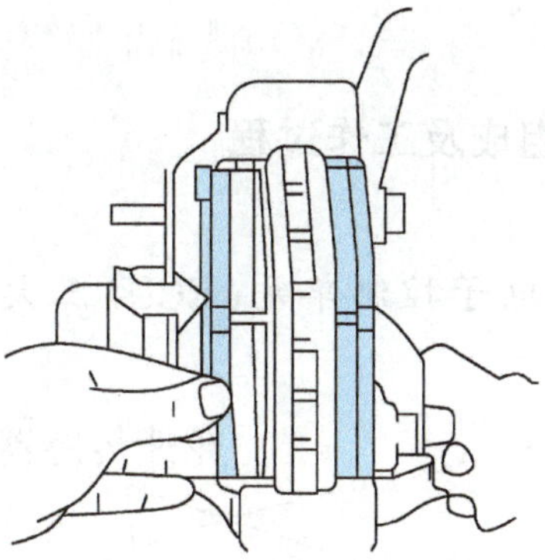

图6-17　安装摩擦块

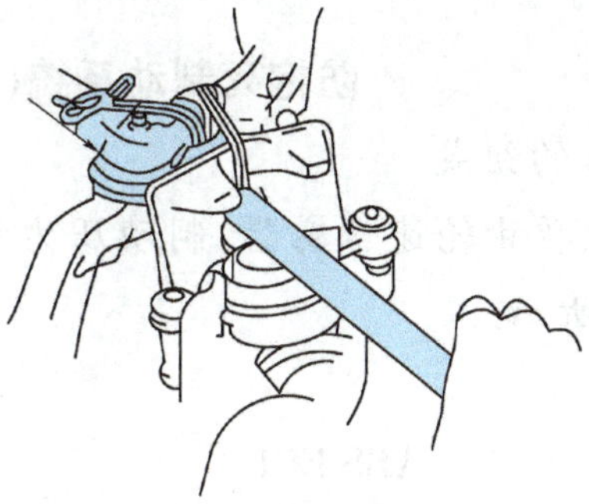

图6-18　制动轮缸活塞复位

③小心地安装制动轮缸，不要让防尘罩楔入，如图6-19所示。

④装上2个安装螺栓并按规定力矩拧紧，拧紧力矩为39N·m，如图6-20所示。

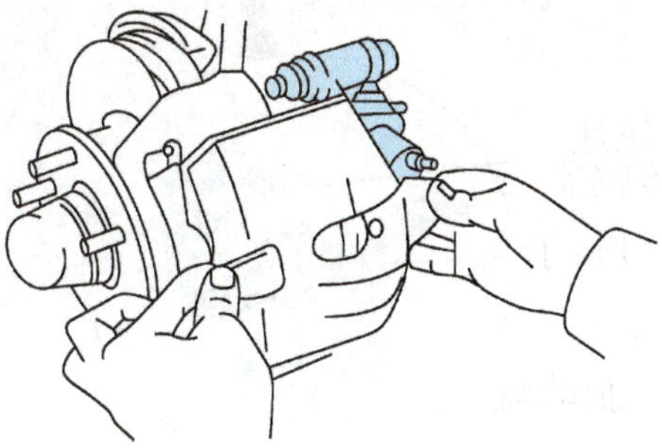

图6-19　安装制动轮缸

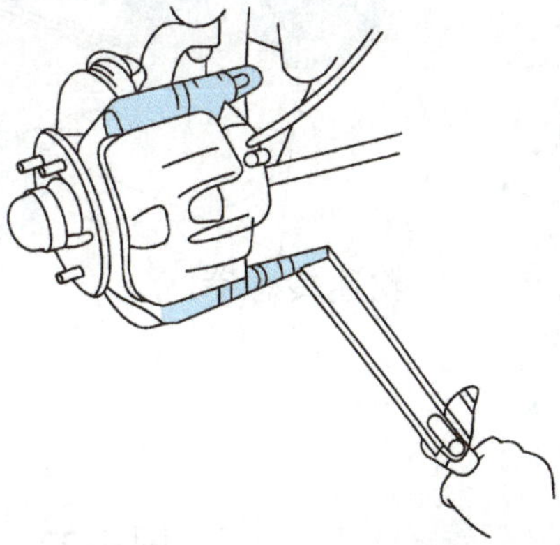

图6-20　拧紧制动钳安装螺栓

小提示

2个安装螺栓是用于固定滑套而不是制动轮缸，制动轮缸可以左右移动。在安装2个螺栓时，要在滑套内加注润滑脂。

图 6-21　安装车轮

（4）安装前轮，拧紧力矩为 103N · m，如图 6-21 所示。

小提示

注意轮胎螺母的方向，不能往轮胎螺栓上涂敷润滑油液。

学习思考

记录安装车轮的要点：

学习拓展

防抱死制动系统（ABS）的组成及工作过程

1. ABS 的组成

ABS 主要由轮速传感器、制动压力调节器和电子控制单元（ECU）三大部分组成，如图 6-22 所示。

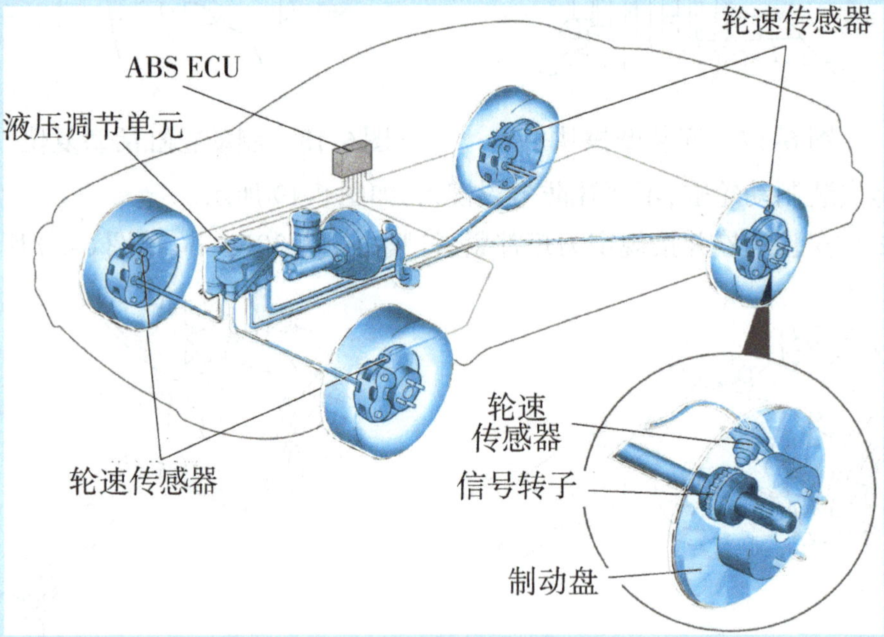

图 6-22　ABS 系统的基本组成

2. ABS 的工作过程

通过安装在各车轮或驱动桥上的车速传感器，不断侦测各车轮的速度，并由电子控制单元计算出制动瞬时的车轮运动状态，做出增大、保持或减小制动器压力的决定，由制动压力调节器及时调整制动压力，以保持车轮处于理想滑移率（10% ~15%），使车轮始终维持在微弱滑移的滚动状态下制动，不会出现车轮抱死滑拖的情况。

6. 叙述鼓式制动器摩擦片的更换有哪些不同之处,并编写鼓式制动器的拆装计划。

1)主要拆卸步骤

分小组通过实车观察,查阅维修手册或工作页,讨论主要拆卸步骤,并将表6-2中拆卸鼓式制动器制动摩擦片的步骤正确排序。

鼓式制动器制动摩擦片拆卸步骤　　表6-2

序　　号	拆 卸 步 骤	序　　号	拆 卸 步 骤
	拆下调整器		拆下后轮和制动鼓,放松制动蹄调整器
	拆下前制动蹄		拆下后制动蹄

2)具体拆卸步骤和要求

(1)拆下后轮和制动鼓,放松制动蹄调整器,如图6-23所示。

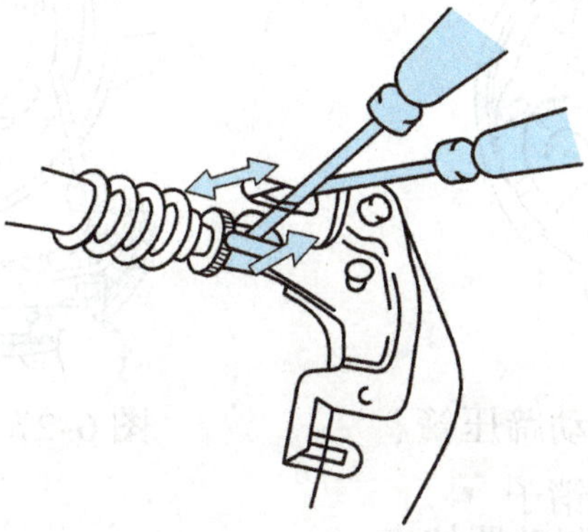

图6-23　放松制动蹄调整器

①穿过后挡板上的插孔插入螺丝刀,将自动调整杆撬高。

②用另一把螺丝刀拧动调整螺栓以放松制动蹄调整器。

学习思考

制动蹄调整器有什么作用?

(2)拆下后制动蹄。

①使用SST脱开复位弹簧,如图6-24所示。

②使用SST拆下后制动蹄压簧、弹簧座和销子,如图6-25所示。

③拆下后制动蹄和制动蹄拉簧。

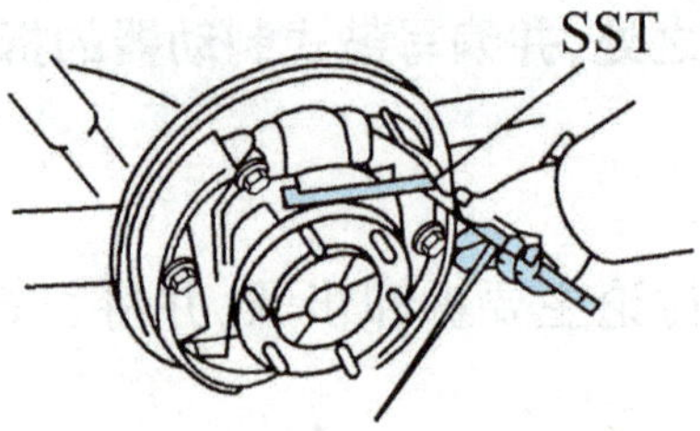

图6-24　脱开复位弹簧

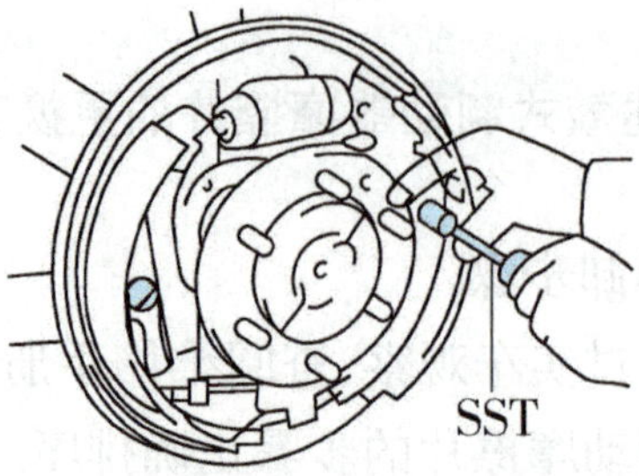

图6-25　拆下后制动蹄压簧、弹簧座和销子

小提示

拆卸时注意安全，要防止弹簧突然飞出伤人和细小零件丢失。

(3)拆下前制动蹄。

①使用SST拆下前制动蹄压簧、弹簧座和销子，如图6-26所示。

②拆下带调整器的前制动蹄，如图6-27所示。

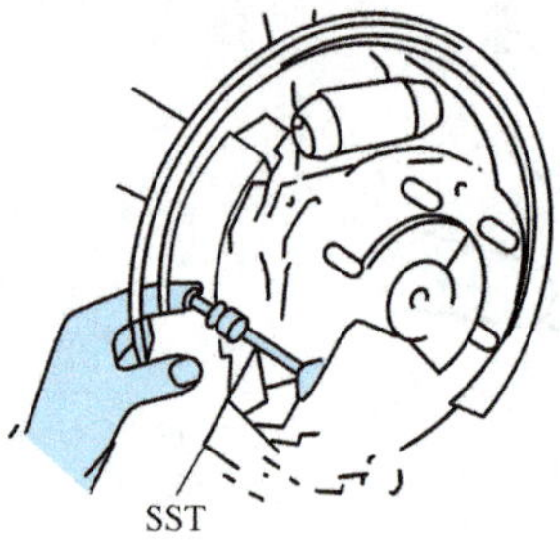

图6-26　拆下前制动蹄压簧、弹簧座和销子

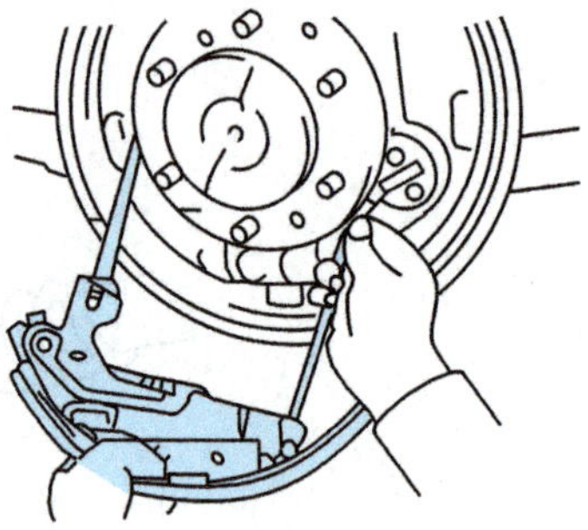

图6-27　拆下前制动蹄

③从前制动蹄上脱开驻车制动器拉索。

(4)从前制动蹄上拆下调整器，如图6-28所示。

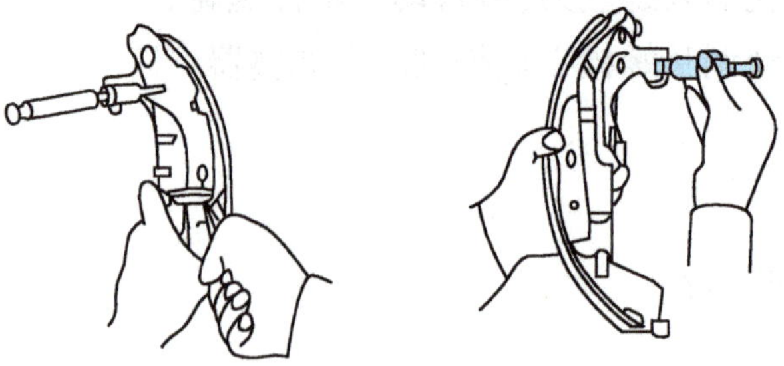

图6-28　拆下调整器

①拆下调整杆弹簧。

②拆下调整器。

③从调整器上拆下复位弹簧。

小提示

如发现轮缸皮碗处有制动液泄漏，应更换皮碗或轮缸总成。

学习拓展

两种鼓式制动器的特点

小词典

领蹄：具有制动助势的制动蹄。

从蹄：具有制动减势的制动蹄。

助势：领蹄上所受摩擦力绕支点的力矩与促动力所造成的绕同一支点的力矩是相同的，所以摩擦力使领蹄在制动鼓上压得更紧，从而制动力也更大，这种作用称为助势作用。

减势：从蹄上所受摩擦力绕支点的力矩与促动力所造成的绕同一支点的力矩是相反的，所以摩擦力使领蹄在制动鼓上压紧力减小，从而制动力也变小，这种作用称为减势作用。

1. 领从蹄式鼓式制动器（图6-29）

领蹄具有助势作用，从蹄具有减势作用。汽车在前进或倒退时，均有一个领蹄，一个从蹄。因为制动蹄关于轴线对称，使得制动鼓两侧所受法向合力大小不相等，而且不共线，由轮毂轴承来承受多余的法向力作用，属于非平衡式制动器。

2. 单向自增力式制动器（图6-30）

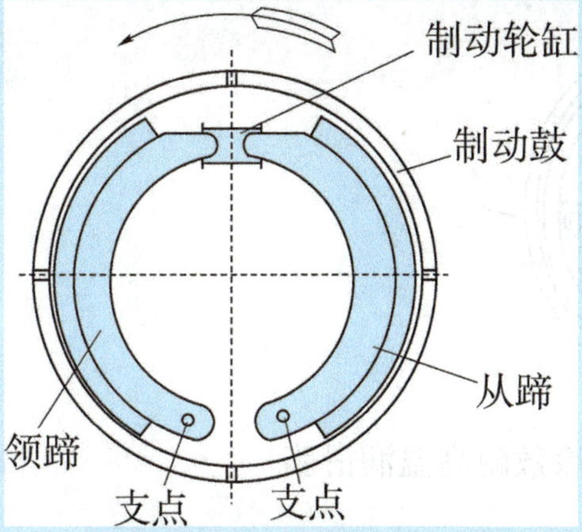

图6-29　领从蹄式制动器

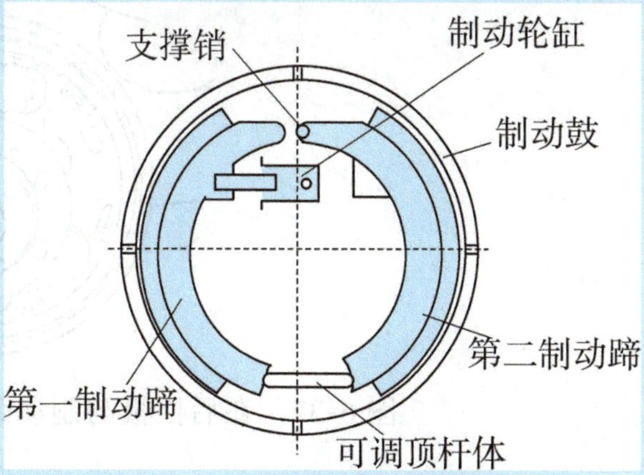

图6-30　单向自增力式制动器

两制动蹄两端均为浮式支撑，汽车前进制动时，两个制动蹄为双领蹄。在相同条件下，其制动效能大于双领蹄和领从蹄式制动器。倒车制动时，其制动效能比双从蹄制动器还差，属于非平衡式制动器。

3)装配的注意事项

(1)预防措施:装配时注意安全,检查车辆固定情况,以防车辆突然倒塌伤人。

(2)按照正确的装配步骤进行装配,同时注意摩擦片的位置和方向。

(3)装配前应彻底清洁各零件表面。

(4)装配时注意不能让油污等接触到制动器内的摩擦表面。

(5)要合理规范地使用工具。

4)主要安装步骤

(1)将调整器装入前制动蹄上。

(2)安装前制动蹄。

(3)安装后制动蹄。

(4)安装制动鼓和车轮。

5)具体装配步骤和要求

按图6-31所示的正确方向装配各零件。

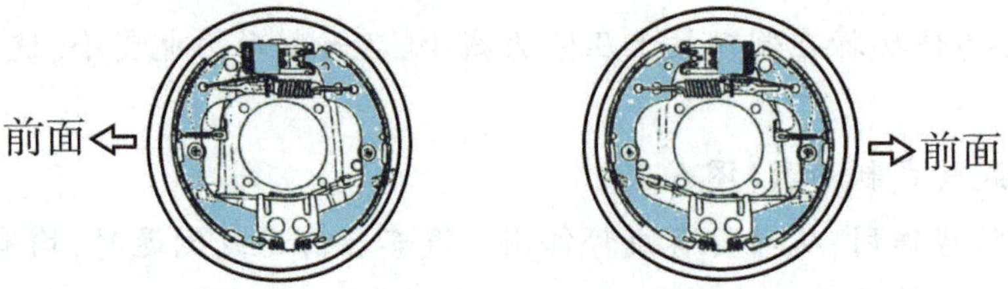

图6-31　左右制动器的安装方向

(1)在后挡板与制动蹄滑动接触处涂敷耐高温润滑脂,如图6-32所示。

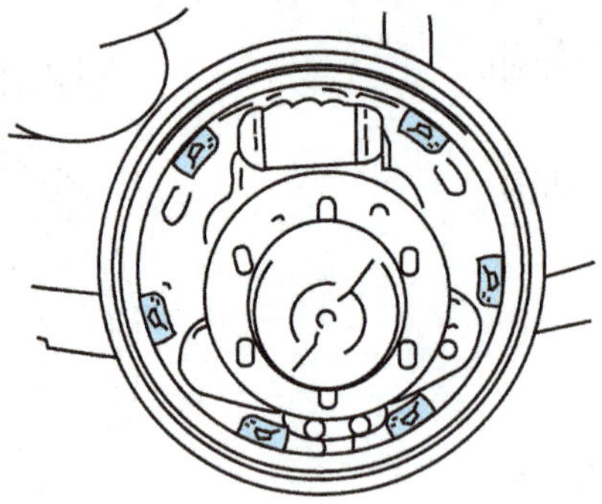

图6-32　在后挡板与制动蹄滑动处涂敷耐高温润滑脂

小提示

涂敷耐高温润滑脂的数量要适中,不能过多,以防润滑脂进入制动器内部而导致制动失效。

(2)在调整器上螺纹部和端部涂敷耐高温润滑脂,如图6-33所示。

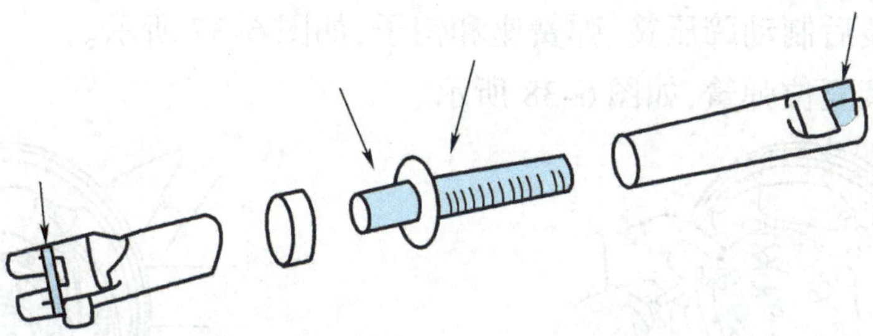

图 6-33 在调整器上涂敷耐高温润滑脂

小提示

调整器分左右,安装时应注意区分,防止装错影响制动安全。

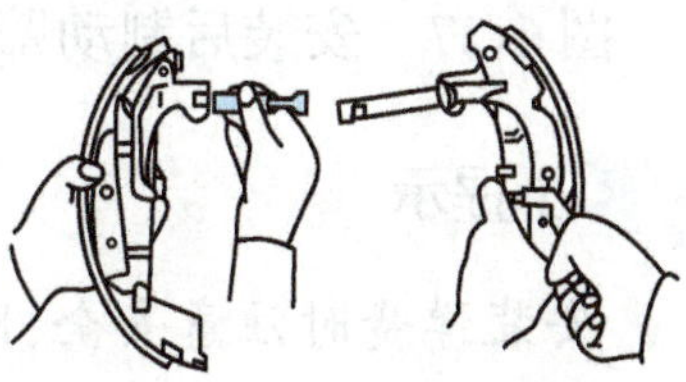

图 6-34 安装调整器

(3)将调整器装入前制动蹄上,如图 6-34 所示。

①将复位弹簧安装到调整器上。

②将调整器安装到调整杆上。

③装上调整杆弹簧。

小提示

安装制动蹄片时应将调整器的长度调至最短,同时解除驻车制动以防止制动鼓不能装入。

(4)安装前制动蹄。

①将驻车制动器拉索安装到驻车制动器拉杆上,如图 6-35 所示。

②将驻车制动器拉索安装到摇臂上。

③将前制动蹄的一端装入活塞并将其固定在适当位置。

④使用 SST 安装制动蹄压簧、弹簧座和销子,如图 6-36 所示。

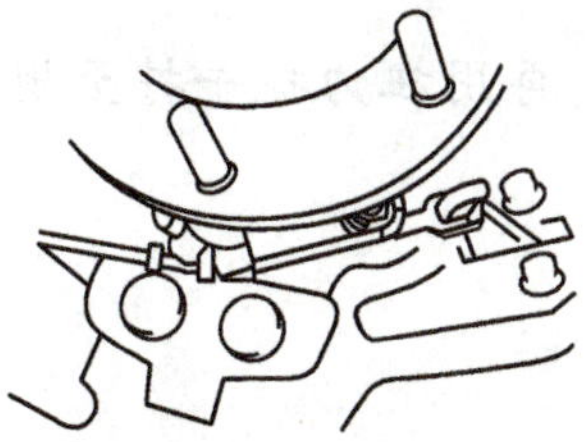

图 6-35 将驻车制动器拉索安装到驻车制动器拉杆上

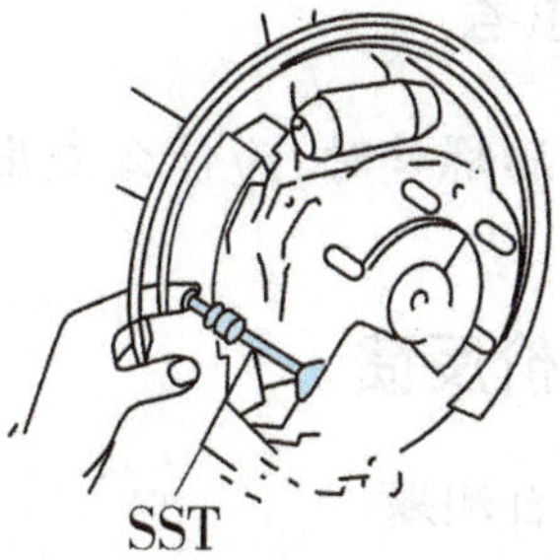

图 6-36 安装前制动蹄压簧、弹簧座和销子

(5)安装后制动蹄。

①将制动蹄拉簧装入前后制动蹄。

②将后制动蹄一端装入活塞并将其固定在适当的位置。

③使用 SST 安装后制动蹄压簧、弹簧座和销子，如图 6-37 所示。

④使用 SST 安装复位弹簧，如图 6-38 所示。

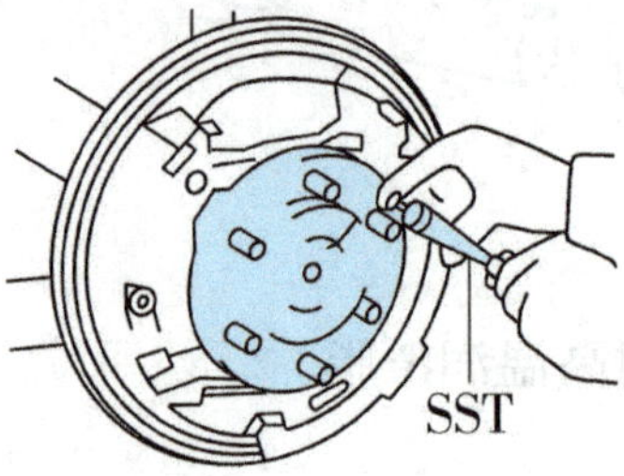

图 6-37　安装后制动蹄压簧、弹簧座和销子

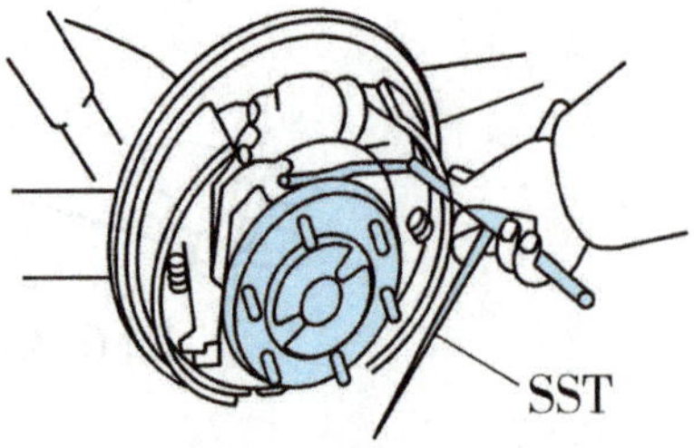

图 6-38　安装复位弹簧

小提示

安装弹簧时注意安全，防止夹伤手指。

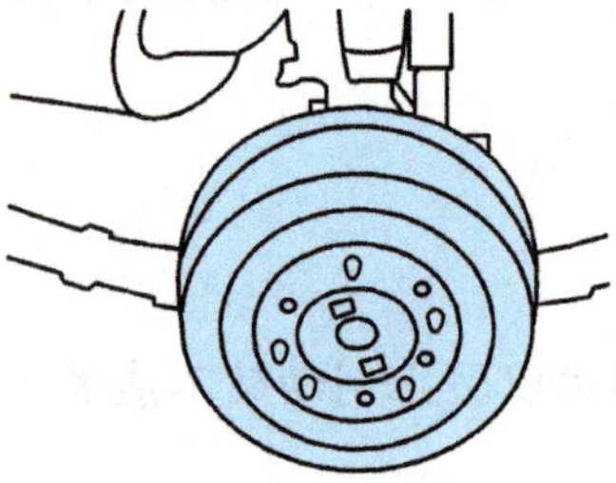

图 6-39　安装制动鼓和车轮

(6)安装制动鼓和车轮，如图 6-39 所示。

①将调整器的长度尽可能调至最短。

②安装制动鼓。

③将驻车制动器拉杆来回拉动数次。

④安装车轮。

小提示

制动蹄片安装完毕后应检查各弹簧和零部件的安装位置是否到位，确保安全后方能安装制动鼓。

学习思考

拧紧轮胎螺母时，为什么先用手拧动安装螺母 2～3 圈，再用扭力扳手拧至规定力矩？

三、评价反馈

1. 学习自测题

(1)下列属于液压制动系统的零部件是(　　)。

A. 制动主缸　　B. 制动轮缸　　C. 制动管路　　D. 真空助力器

(2)制动系统按制动能源可分为(　　)。

A. 伺服制动系统　　B. 人力制动系统

C. 动力制动系统　　D. 驻车制动系统

(3)钳盘式制动器可为(　　)。

A. 定钳盘式　　B. 浮钳盘式　　C. 全盘式

(4)盘式制动器和鼓式制动器相比(　　)。

A. 一般没有摩擦助势作用

B. 浸水后制动效能降低较大

C. 在输出制动力矩相同的情况下,尺寸和质量一般较小

D. 容易实现制动间隙的制动调整,维护作业比较简单

(5)领从蹄式制动器的特点是(　　)。

A. 领蹄具有增势作用

B. 从蹄具有减势作用

C. 汽车前进或倒车时,均有一个领蹄,一个从蹄

D. 属于平衡式制动器

(6)防抱死制动系统(ABS)主要由(　　)三部分组成。

A. 轮速传感器　　B. 制动压力调节器

C. 制动主缸　　D. 电子控制单元

(7)盘式车轮制动器的间隙能自动调整。(　　)

A. 对　　B. 错

(8)真空助力器失效时,汽车将无法进行有效制动。(　　)

A. 对　　B. 错

2. 学习目标达成度的自我检查(表6-3)

自我检查表　　表6-3

序号	学习目标	达成情况(在相应的选项后打"√")		
		能	不能	如果不能,是什么原因
1	叙述液压制动系统的组成、作用和工作原理			
2	叙述盘式和鼓式制动器的工作过程和特点			
3	叙述真空助力器的作用和工作原理			
4	简述ABS制动力控制装置的作用			
5	懂得制订盘式或鼓式制动器的拆装工作计划			
6	规范更换制动器摩擦片			
7	对盘式或鼓式制动器的安装质量进行检验			

3. 日常表现性评价(由小组长或组内成员评价)

(1)工作页填写情况。(　　)

A. 填写完整　　B. 缺失0～20%　　C. 缺失20%～40%　　D. 缺失40%以上

(2)工作着装是否规范?(　　)

A. 穿着校服(工作服),佩戴胸卡　　B. 校服或胸卡缺失一项

C. 偶尔会既不穿校服又不戴胸卡　　D. 始终未穿校服、佩戴胸卡

(3)能否主动参与工作现场的清洁和整理工作?(　　)

A. 积极主动参与5S工作

B. 在组长的要求下能参与5S工作

C. 在组长的要求下能参与5S工作,但效果差

D. 不愿意参与5S工作

(4)升降汽车时,有无进行安全检查并警示其他同学?(　　)

A. 有安全检查和警示　　B. 有安全检查,无警示

C. 无安全检查,有警示　　D. 无安全检查,无警示

(5)是否达到全勤?(　　)

A. 全勤　　B. 缺勤0～20%(有请假)

C. 缺勤0～20%(旷课)　　D. 缺勤20%以上

(6)总体印象评价。(　　)

A. 非常优秀　　B. 比较优秀　　C. 有待改进　　D. 急需改进

(7)其他建议:

小组长签名:______________　　______年______月______日

4. 教师总体评价

(1)对该同学所在小组整体印象评价。(　　)

A. 组长负责,组内学习气氛好

B. 组长能组织组员按要求完成学习任务,个别组员不能达成学习目标

C. 组内有30%以上的学员不能达成学习目标

D. 组内大部分学员不能达成学习目标

(2)对该同学整体印象评价:

____

____

____。

教师签名:______________　　______年______月______日

学习任务 7　减振器的更换

学习目标

完成本学习任务后,你应当能:

1. 叙述独立和非独立悬架系统的组成、作用和工作原理;
2. 叙述减振器的结构特点与工作原理;
3. 叙述轮胎型号的意义;
4. 制订减振器更换的工作计划;
5. 更换减振器和轮胎;
6. 对减振器的安装质量进行检验。

建议完成本学习任务为 8 学时

课时分配:学习准备 1 学时;计划实施 4 学时;学习拓展 2 学时;评价反馈 1 学时。

内容结构

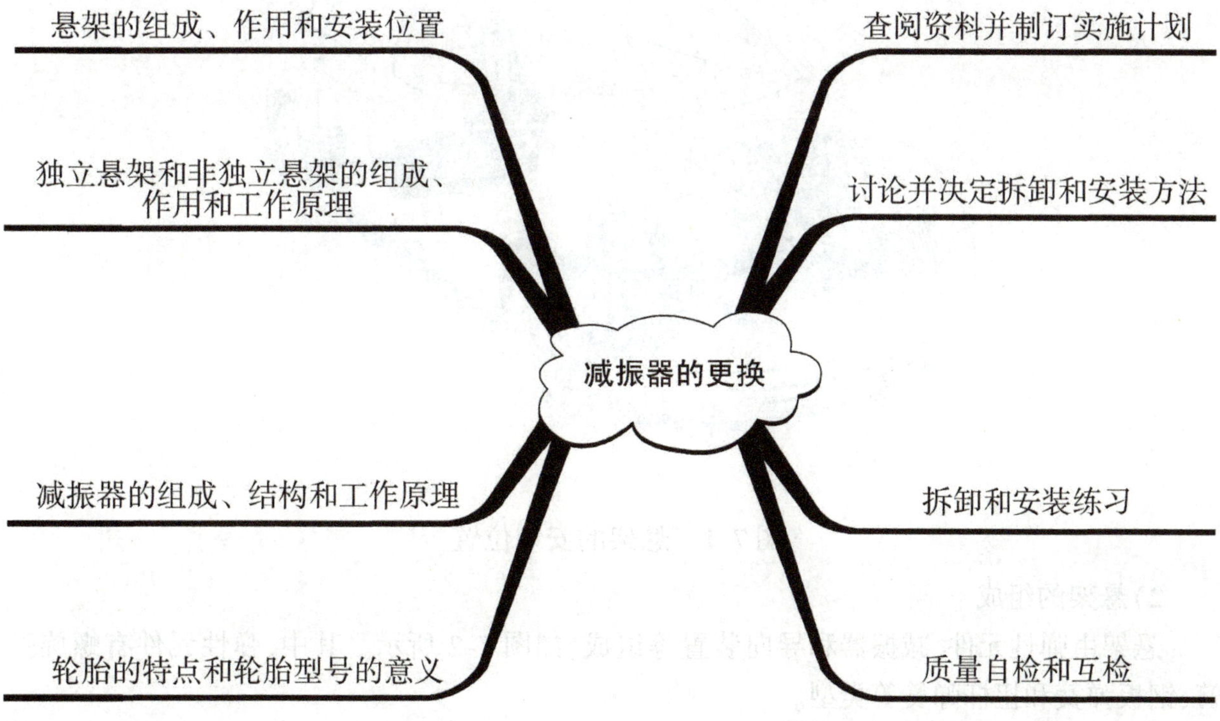

学习任务描述

客户反映减振器在使用过程中出现漏油、卡滞现象，经维修技师诊断后确认需要更换。请你按照维修手册要求，进行拆卸更换，更换后减振器能正常工作。

减振器是汽车行驶系统的组成部件，汽车行驶中因道路不平会引起冲击和振动。强烈的冲击和长时间的振动，会使汽车的使用寿命降低，使驾驶人和乘员乘坐不舒适。因此，采用弹簧和减振器可以缓冲和减少振动。通过对汽车行驶系统的学习，懂得其组成、作用及零部件的安装位置，为了完成减振器的更换工作，请你明确更换减振器的操作规程和安装后的基本检查方法。

一、学习准备

1. 悬架的安装位置在哪里？由哪些部分组成？作用是什么？

1）悬架的安装位置

悬架位于车桥（或车轮）和车架（或承载式车身）之间，如图 7-1 所示。

图 7-1　悬架的安装位置

2）悬架的组成

悬架由弹性元件、减振器和导向装置等组成，如图 7-2 所示。其中，弹性元件有螺旋弹簧、钢板弹簧和扭杆弹簧等类型。

按图 7-2 所示，弹性元件为________，属于导向装置的零部件有________、________和________。

（备选答案：A. 螺旋弹簧　B. 钢板弹簧　C. 扭杆弹簧　D. 横向推力杆　E. 纵向推力杆　F. 横向稳定杆）

3）悬架的作用

（1）对不平整路面所造成的汽车行驶中的各种冲击和振动等，与轮胎一起，予以吸收和减缓，从而保障乘客和货物的安全，并提高驾驶的稳定性。

（2）将路面与车轮之间所产生的驱动力和制动力，传输到底盘和车身。

（3）支撑车桥上的车身，并使车身与车轮之间保持适当的几何关系。

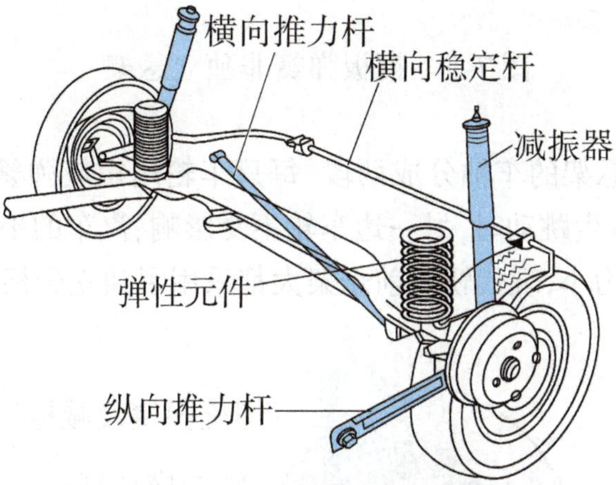

图 7-2　悬架的组成

2. 悬架的类型有哪些？如何区分独立悬架和非独立悬架？

1）悬架的类型

悬架按结构特点可分为独立悬架和非独立悬架两类，如图 7-3、图 7-4 所示。

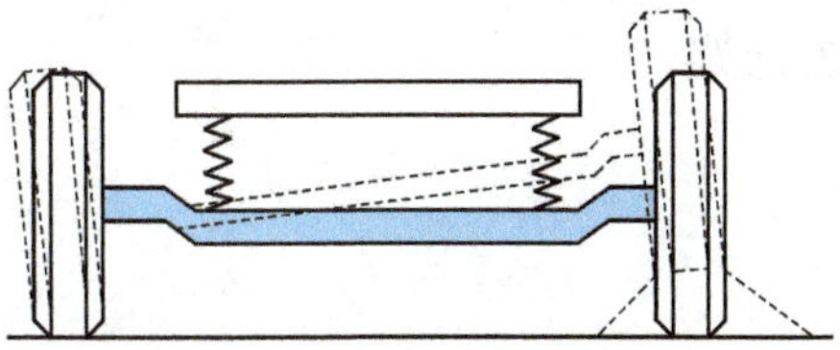

图 7-3　非独立悬架

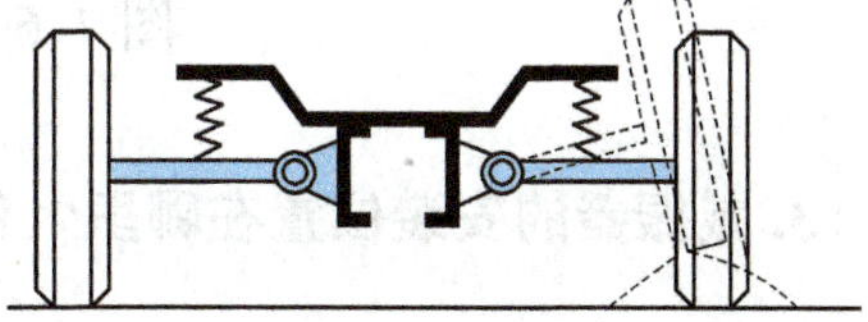

图 7-4　独立悬架

2）非独立悬架和独立悬架

（1）非独立悬架。

如图 7-5 所示，非独立悬架两侧车轮由一根整体式车桥相连，车轮连同车桥一起通过弹性悬架悬挂在车架或车身的下面。非独立悬架具有结构简单、成本低、强度高、维护容易、行车中前轮定位变化小的优点，但由于其舒适性及操纵稳定性都较差，多用在货车和大客车上。

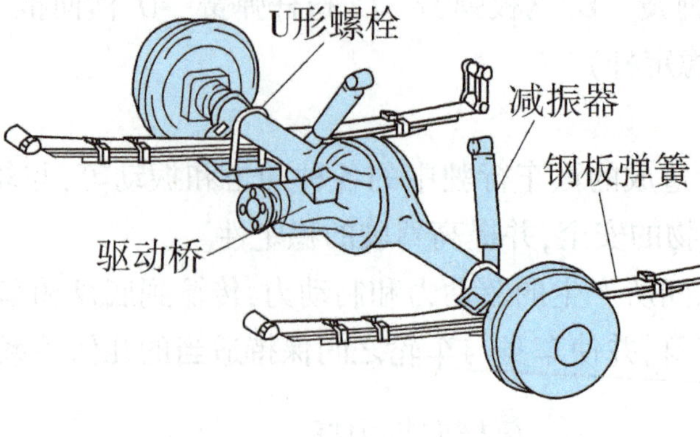

图 7-5　钢板弹簧非独立悬架

(2) 独立悬架。

如图 7-6 所示，独立悬架的车轴分成两段，每只车轮用螺旋弹簧独立地安装在车架（或车身）下面，当一边车轮发生跳动时，另一边车轮不受影响，汽车的平稳性和舒适性好。但这种悬架构造较复杂，承载力小，现代轿车前悬架大都采用了独立悬架。

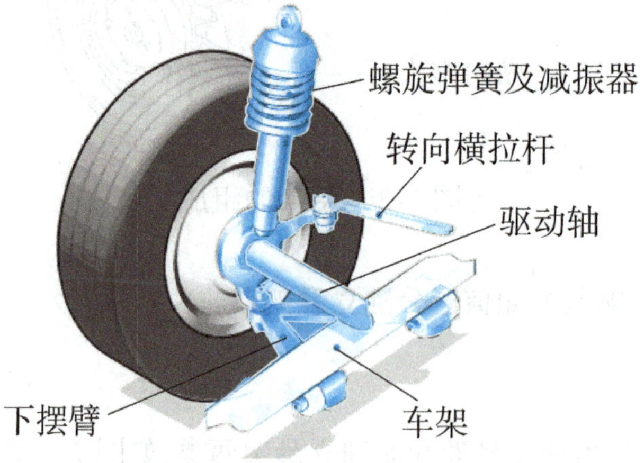

图 7-6　麦弗逊式独立悬架

3. 减振器的安装位置在哪里？作用是什么？

1) 减振器的安装位置

如图 7-7 所示，减振器安装在车桥与车架（或车身）之间。

2) 减振器的作用

减振器的作用是加速车架和车身振动的衰减，使其迅速恢复平稳状态，改善汽车行驶的平顺性。

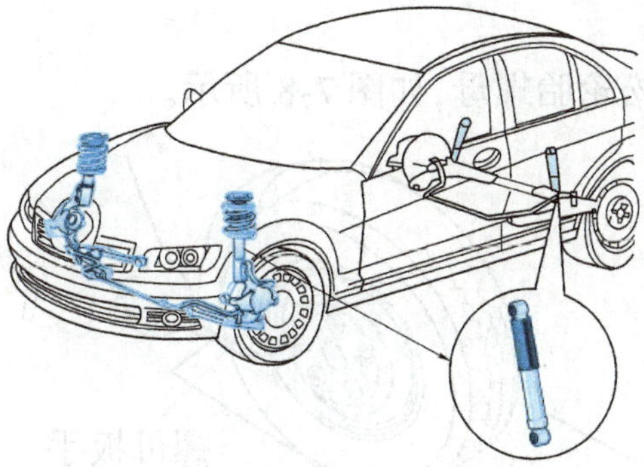

图 7-7　减振器的安装位置

二、计划与实施

4. 请叙述更换减振器前应注意哪些事项。

1）了解以下信息

（1）使用的工具：________、________等。

（2）学习的车型：________________________________。

（3）前悬架的类型：______________________，后悬架的类型：______________________。

2）拆卸的注意事项

（1）拆卸时注意安全，务必将顶起的车辆固定好，以防止车辆突然倒塌伤人。

（2）按照正确的拆卸步骤进行拆卸。

（3）拆卸下的轮胎螺母应妥善保护，避免丢失损坏，遵循现场管理条例。

（4）拆卸下的轮胎要安放好，以免突然滚落伤人。

（5）要合理规范地使用工具。

5. 小组阅读并讨论维修手册，确定拆装的基本顺序，讨论拆卸步骤和注意事项。

1）主要拆卸步骤

分小组通过实车观察，查阅维修手册或工作页，讨论主要拆卸步骤，并将表 7-1 中拆卸减振器的步骤正确排序。

拆卸减振器的步骤　　表 7-1

序　　号	拆 卸 步 骤	序　　号	拆 卸 步 骤
	顶起并支撑好车辆，卸下轮胎		拆下减振器
	拧松轮胎螺母		

2）具体拆卸步骤和要求

（1）用轮胎螺母扳手拧松轮胎螺母，如图7-8所示。

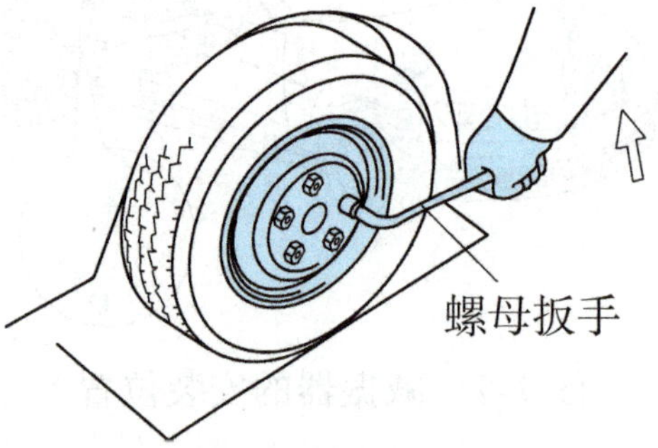

图7-8 拧松轮胎螺母

小提示

在拆卸车轮前必须拉紧驻车制动器操纵杆，放好安全支架。

学习思考

轮胎的作用是：

①支撑汽车的________。

②轮胎与地面直接接触，将车辆的________和________传至地面，从而控制其起动、加速、减速、停车和转向。

③减弱由于________造成的振动。

（备选答案：A. 路面冲击 B. 驱动力 C. 制动力 D. 重心 E. 质量）

（2）将车辆顶起，拆下车轮，并支撑好，如图7-9所示。

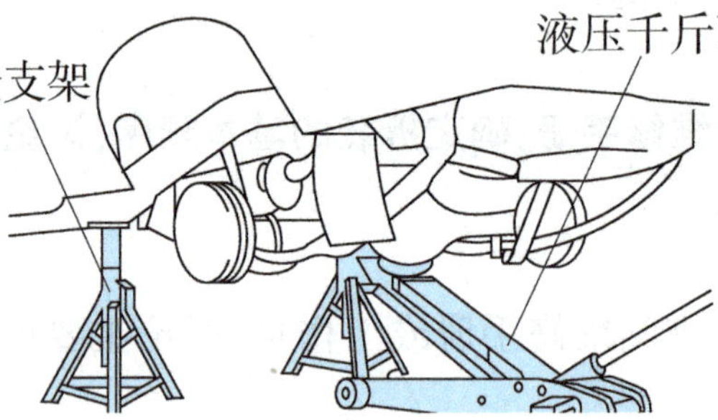

图7-9 顶起车辆，并支撑好

顶起车辆，用安全支架支撑好车身，降下桥壳直至钢板弹簧恢复自由状态。

小提示

两边的安全支架支撑的位置必须正确、到位，并保持高度一致。

(3)拆下减振器,如图7-10所示。

拆下减振器上、下固定螺栓,取下减振器总成。

图7-10　拆卸减振器

学习拓展

1. 减振器的组成和工作原理

1)减振器的组成

减振器主要由上下支座、活塞及推杆、油液、储液缸、压力腔、阀门等组成,如图7-11所示。

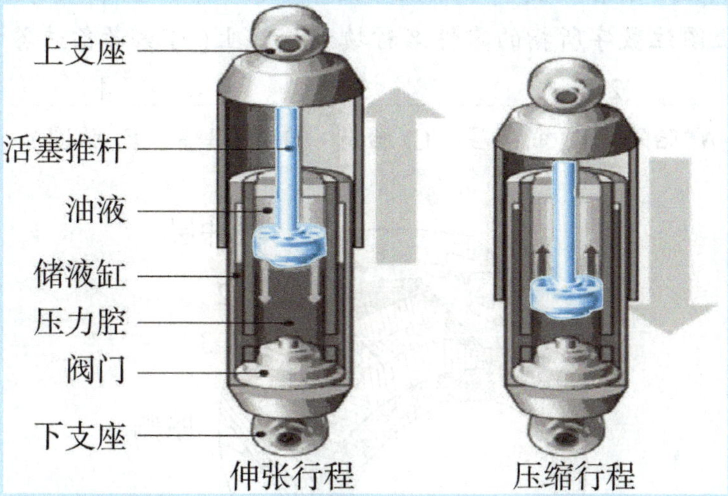

图7-11　减振器的结构及工作过程

2)减振器的工作原理

减振器是利用内部的液压油通过节流孔时将汽车振动时的________转化为__________,从而达到减振的目的。

(备选答案:A. 机械能　B. 液压能　C. 热能)

2. 轮胎的组成、类型与规格

1)轮胎的组成

普通充气轮胎由外胎、内胎和垫带等组成,如图7-12所示。

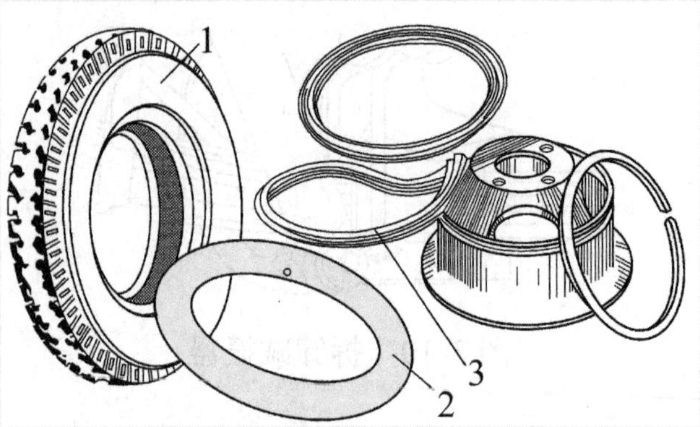

图 7-12　普通充气轮胎的组成

将图 7-12 上的图注数字所指的零件名称填到横线上(可参考备选答案)。

1 ＿＿＿＿＿＿、2 ＿＿＿＿＿＿、3 ＿＿＿＿＿＿。

(备选答案:A. 外胎　B. 内胎　C. 胎垫　D. 轮辋)

外胎由胎冠、缓冲层、胎肩、帘布层、胎侧和胎圈组成,如图 7-13 所示。

将图 7-13 上图注数字所指的零件名称填到横线上(可参考备选答案)。

1 ＿＿＿＿＿＿、2 ＿＿＿＿＿＿、3 ＿＿＿＿＿＿、4 ＿＿＿＿＿＿。

(备选答案:A. 胎冠　B. 帘布层　C. 胎肩　D. 气门嘴　E. 胎圈)

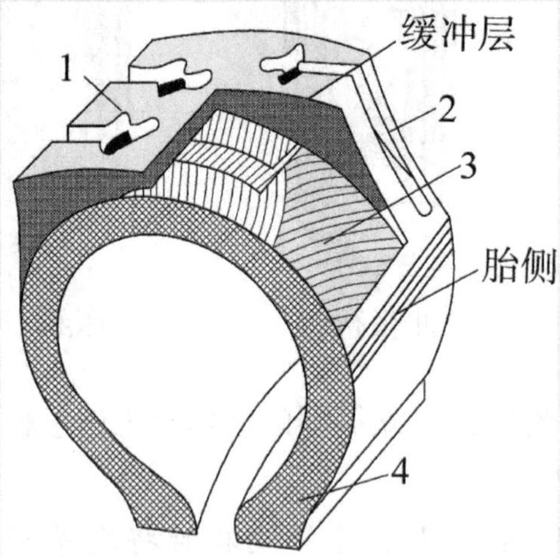

图 7-13　外胎的结构

2)轮胎的类型

(1)按照轮胎的花纹分为普通花纹轮胎、组合花纹轮胎和越野花纹轮胎,如图 7-14 所示。

图7-14　轮胎花纹

(2)按照轮胎胎体帘布层结构分为斜交轮胎和子午线轮胎,如图7-15所示。

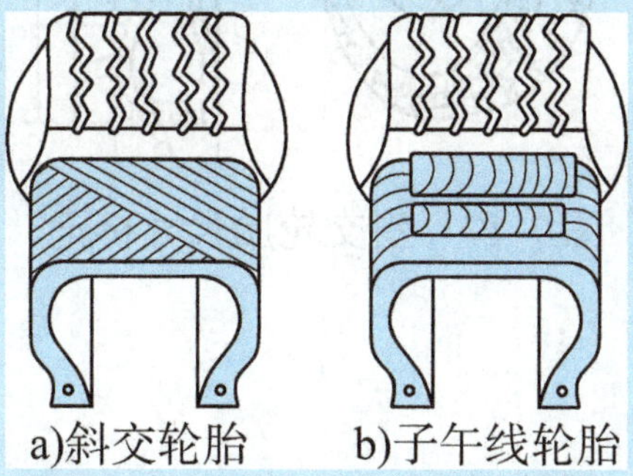

图7-15　帘布层的结构形式

(3)按照保持空气的方法不同分为有内胎轮胎和无内胎轮胎,如图7-16所示。

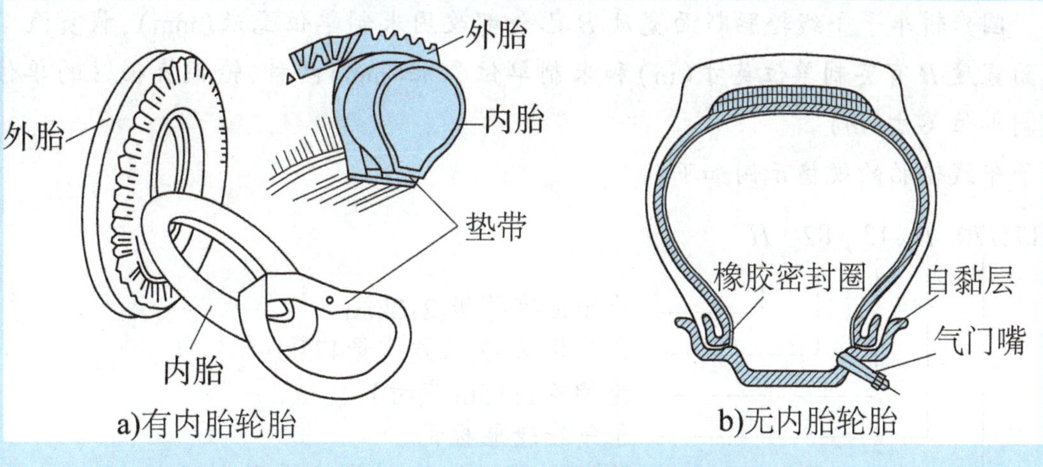

图7-16　有内胎轮胎和无内胎轮胎

3)轮胎的规格

(1)斜交轮胎的规格。我国采用国际标准,用 B-d 表示。货车和轿车斜交轮胎的尺寸 B 和 d 用英寸(in)为单位,B 是____________代号,d 是____________代号,如图7-17所示。

（备选答案：A.轮辋名义直径　B.轮胎名义断面宽度　C.轮胎名义断面高度　D.轮胎名义直径）

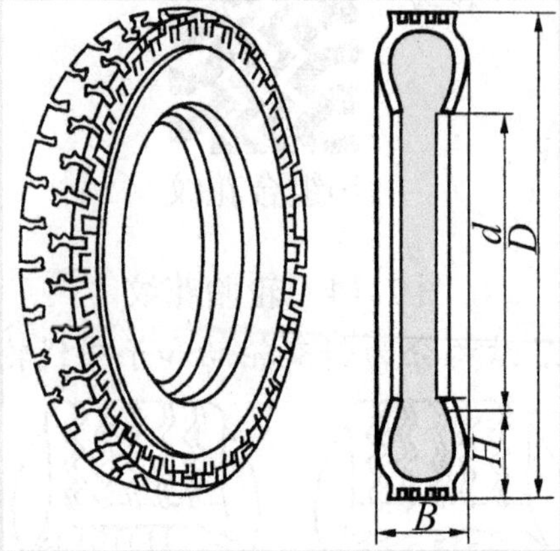

图 7-17　斜交轮胎尺寸标记

斜交轮胎的规格示例如下：

9.00 - 20

- 20：轮辋名义直径代号
- 9.00：轮胎名义断面宽度代号

（2）子午线轮胎的规格。国产子午线轮胎规格用 *B*-*R*-*d* 表示，其中 *R* 代表子午线轮胎。国产轿车子午线轮胎断面宽度 *B* 已全部改用米制单位毫米（mm），载货汽车轮胎断面宽度 *B* 有英制单位英寸（in）和米制单位毫米（mm）两种，轮辋直径 *d* 的单位仍用英制单位英寸（in）。

子午线轮胎的规格示例如下：

175/70 *R* 13 82 *H*

- *H*：轮胎速度等级(210km)
- 82：负荷指数82,承载质量475kg
- 13：轮辋直径13in(英寸)
- *R*：子午线轮胎标记
- 70：胎高/胎宽 × 100=70,即扁平率为70%
- 175：轮胎的断面宽度175mm

找到你学习用车型的轮胎规格，记录并叙述各代号的含义。

①轮胎规格：

②各代号的含义：

____

____

____

____

____

6. 小组阅读并讨论维修手册，确定装配的基本顺序，讨论装配步骤和注意事项。

1）装配时的注意事项

（1）预防措施：装配时注意安全，检查车辆固定情况，以防车辆突然倒塌伤人。

（2）按照正确的装配步骤进行装配。

（3）注意减振器的安装方向。

（4）要合理规范地使用工具。

（5）用规定的力矩安装减振器固定螺栓，不能过松或过紧。

2）主要装配步骤

（1）安装减振器。

（2）安装轮胎。

（3）取出安全支架。

（4）放下汽车。

3）具体装配步骤和要求

（1）安装减振器。

①如图7-18所示，将减振器的上、下护圈和衬套安装到相应的孔中，将减振器套入车架与车桥中相应的支撑销上。

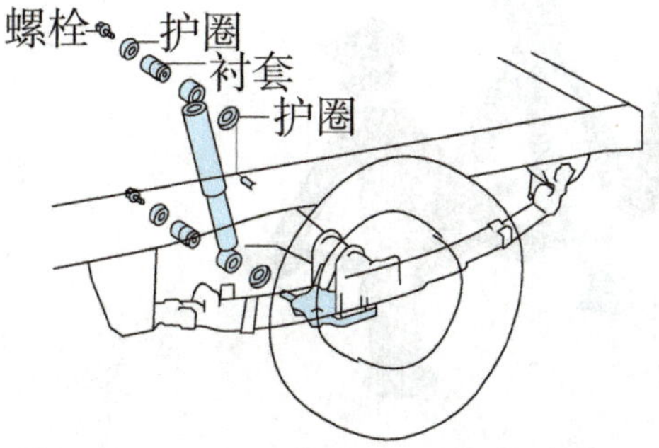

图7-18　安装减振器上、下护圈和衬套

小提示

为了减少摩擦和噪声，在减振器与车身连接处使用橡胶的衬套，大型车辆则使用铜制的衬套。

②将减振器安装到车桥和车身上，如图7-19所示，拧紧力矩为24N·m。

(2)安装轮胎。用套筒和扭力扳手按规定力矩拧紧轮胎螺母，如图7-20所示，规定力矩为103N·m。

图7-19　安装减振器

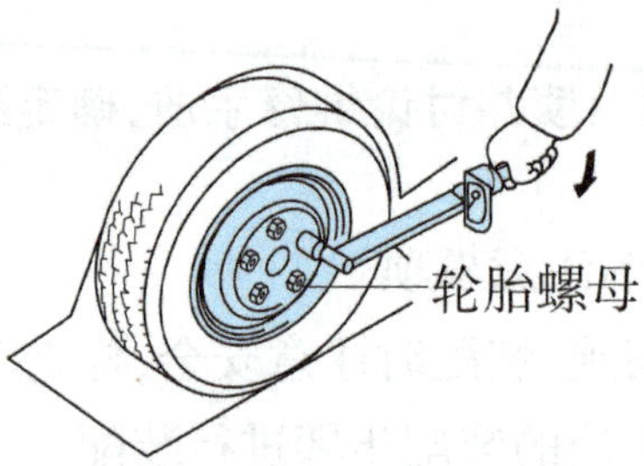

图7-20　安装车轮

学习思考

拧紧轮胎螺栓时，遵循交叉对角、分次数拧紧的原则，为什么？

(3)取出安全支架(图7-21)。将销子拔出，让活动臂降到最低位置，然后将安全支架从车底下拉出。

(4)放下汽车。将千斤顶(图7-22)的释放把手沿着逆时针方向旋转，千斤顶的活动臂连同车辆也跟随慢慢地下降，直至车轮完全落地、活动盘自由后，将千斤顶从车辆底部拉出。

图7-21　安全支架

图7-22　液压千斤顶

学习拓展

花冠 EX 轿车前后悬架的结构特点

花冠 EX 轿车前悬架采用麦弗逊式独立悬架，后悬架采用拖拽臂式非独立悬架，如图 7-23 所示。

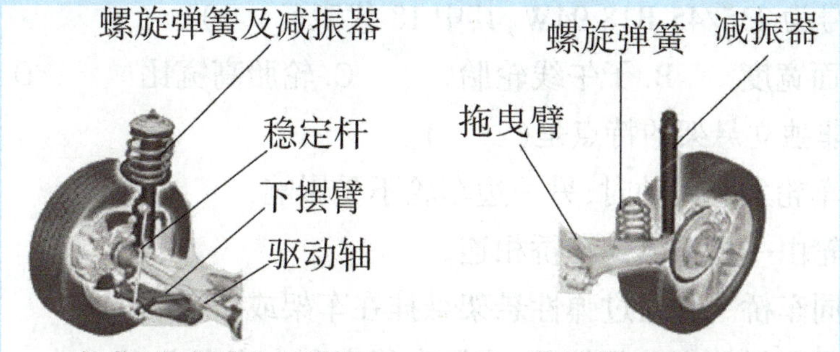

a)麦弗逊式独立悬架　a)拖拽臂式非独立悬架

图 7-23　花冠 EX 轿车前后悬架

麦弗逊式独立悬架是当前应用最广泛的轿车前悬架，由螺旋弹簧、减振器、三角形下摆臂及横向稳定杆组成。螺旋弹簧安装在减振器外，减振器可以避免螺旋弹簧受力时向前、后、左、右偏移，限制弹簧只能作上下方向的振动。麦弗逊式悬挂结构简单、质量轻、响应速度快，能自动调整车轮外倾角，让其能在转弯时自适应路面，让轮胎的接地面积最大化。由于其构造为直筒式，对左右方向的冲击缺乏阻挡力，抗制动点头作用较差，悬架刚度较弱，稳定性差，转弯侧倾明显。

拖曳臂式悬架是专为后轮而设计的悬架结构，以上下摆动式拖曳臂实现车轮与车身或车架的刚性连接，然后以减振器和螺旋弹簧充当软性连接，起到减振和支撑车身的作用，圆柱形或方形横梁连接左右车轮。连接左右纵臂的横梁在连接处为可转动式，在一定程度上可让左右车轮在小范围的空间内自由跳动而不干扰到另一侧车轮。

三、评价反馈

1. 学习自测题

(1)金杯 SY6480 面包车的悬架类型属于(　　)。

A. 前非独立悬架，后独立悬架

B. 前独立悬架，后非独立悬架

C. 前后均为非独立悬架

D. 前后均为独立悬架

(2)技师 A 说：“减振器是利用液压油的节流作用产生热量来使振动衰减。”技师 B 说：

“减振器出现漏油是正常现象。”谁说的正确？（　　）

A. 技师 A

B. 技师 B

C. 技师 A 和 B 均正确

D. 技师 A 和 B 均不正确

(3)某轮胎型号为 235/45 R18 94W,其中 18 代表(　　)。

A. 轮胎断面宽度　　B. 子午线轮胎　　C. 轮胎高宽比　　D. 轮辋直径

(4)下列属于非独立悬架的特点是(　　)。

A. 当一边车轮发生跳动时,另一边车轮不受影响

B. 两侧车轮由一根整体式车桥相连

C. 车轮连同车桥一起通过弹性悬架悬挂在车架或车身的下面

D. 舒适性及操纵稳定性都较差,多用在货车和大客车上

(5)悬架的弹性元件可分为螺旋弹簧、钢板弹簧和扭杆弹簧等类型。(　　)

A. 对　　B. 错

(6)减振器在汽车行驶中发热是正常的。(　　)

A. 对　　B. 错

(7)拆装车轮螺母时,必须按照对角交叉的顺序分次进行拧松或拧紧。(　　)

A. 对　　B. 错

2. 学习目标达成度的自我检查(表 7-2)

自我检查表　　表 7-2

序号	学习目标	达成情况(在相应的选项后打“√”)		
		能	不能	如果不能,是什么原因
1	叙述独立和非独立悬架系统的作用、组成和工作原理			
2	叙述减振器的结构特点与工作原理			
3	叙述轮胎型号的意义			
4	制订减振器更换的工作计划			
5	更换减振器和轮胎			
6	对减振器的安装质量进行检验			

3. 日常表现性评价(由小组长或组内成员评价)

(1)工作页填写情况。( )

A. 填写完整 B. 缺失 0~20% C. 缺失 20% ~40% D. 缺失 40% 以上

(2)工作着装是否规范?( )

A. 穿着校服(工作服),佩戴胸卡 B. 校服或胸卡缺失一项

C. 偶尔会既不穿校服又不戴胸卡 D. 始终未穿校服、佩戴胸卡

(3)能否主动参与工作现场的清洁和整理工作?( )

A. 积极主动参与 5S 工作

B. 在组长的要求下能参与 5S 工作

C. 在组长的要求下能参与 5S 工作,但效果差

D. 不愿意参与 5S 工作

(4)升降汽车时,有无进行安全检查并警示其他同学?( )

A. 有安全检查和警示 B. 有安全检查,无警示

C. 无安全检查,有警示 D. 无安全检查,无警示

(5)是否达到全勤?( )

A. 全勤 B. 缺勤 0~20%(有请假)

C. 缺勤 0~20%(旷课) D. 缺勤 20% 以上

(6)总体印象评价。( )

A. 非常优秀 B. 比较优秀 C. 有待改进 D. 急需改进

(7)其他建议:

小组长签名:______________ ____年____月____日

4. 教师总体评价

(1)对该同学所在小组整体印象评价。( )

A. 组长负责,组内学习气氛好

B. 组长能组织组员按要求完成学习任务,个别组员不能达成学习目标

C. 组内有 30% 以上的学员不能达成学习目标

D. 组内大部分学员不能达成学习目标

(2)对该同学整体印象评价:

____

____。

教师签名:______________ ____年____月____日

参 考 文 献

[1] 周林福.汽车底盘构造与维修[M].北京:人民交通出版社,2005.

[2] 陈家瑞.汽车构造(下册)[M].5版.北京:人民交通出版社,2003.

[3] 崔振民.汽车底盘构造与维修[M].北京:人民交通出版社,2004.

[4] GP企画七二夕一.汽车构造(底盘、电器)[M].董铁有,译.北京:人民交通出版社,2005.

[5] 汪卸建.汽车底盘简明教学图解[M].北京:电子工业出版社,2003.

[6] 易毓.丰田海狮(金杯)客车维修手册[M].沈阳:辽宁科学技术出版社,2005.

[7] 罗德伦,张凯良.金杯海狮系列轻型客车结构与维修[M].北京:机械工业出版社,2004.

[8] 汽车检修问答丛书编委会.金杯海狮客车检修300问[M].北京:机械工业出版社,2002.

[9] 赵志群.职业教育与培训学习新概念[M].北京:科学出版社,2003.

[10] 赵志群.职业教育工学结合一体化课程开发指南[M].北京:清华大学出版社,2009.

[11] 齐忠志,林志伟.汽车构造[M].北京:人民交通出版社股份有限公司,2017.

[12] 林根南.汽车底盘机械检修[M].广州:广东高等教育出版社,2017.

[13] 祖国海.汽车底盘构造与维修[M].北京:中国劳动社会保障出版社,2015.